U0129098

中國朦朧詩派研究

徐 國 源 著

現代文學研究叢刊

文史哲出版社印行

國家圖書館出版品預行編目資料

中國朦朧詩派研究 / 徐國源著. -- 初版. -- 臺
北市：文史哲, 民93
　　面： 公分. -- (現代文學研究叢刊；10)
參考書目：面
ISBN 957-549-549-7 (平裝)

1.中國詩 – 歷史 – 現代（1900–　) 2. –
中國詩 – 評論
820.9108　　　　　　　　　93004245

現代文學研究叢刊　　⑩

中國朦朧詩派研究

著　　者：徐　　國　　源
出 版 者：文　史　哲　出　版　社
　　　　http://www.lapen.com.tw
登記證字號：行政院新聞局版臺業字五三三七號
發 行 人：彭　　正　　雄
發 行 所：文　史　哲　出　版　社
印 刷 者：文　史　哲　出　版　社
臺北市羅斯福路一段七十二巷四號
郵政劃撥帳號：一六一八○一七五
電話886-2-23511028 · 傳真886-2-23965656

實價新臺幣二八○元

中華民國九十三年（2004）三月初版

中國朦朧詩研究

目　　錄

第一章　緒　論

　　20 世紀 70 年代末 80 年代初，朦朧詩曾經以最眩目的方式，抒寫過中國現代詩歌史乃至整個中國詩歌史的輝煌，並成爲一代人至今難以割捨的記憶。朦朧詩被指認爲新時期文學的源頭之一，雖然在文學史敍述中僅有短短的七、八年，但它的過去與未來卻因記憶體豐富，而在後來的文學研究中成爲被不斷開掘的資源。從一定意義上說，朦朧詩存活了一個民族一個時代的精神歷史，蘊藏著社會變遷中風際雲會的歷史圖景。

　　詩，乃一個時代精、氣、神的凝聚。艾略特則認爲："詩代表一個民族的最高的意識形態，最大的力量和最精細的感受。"[1] 唯其如此，朦朧詩在它登臺亮相之初，就因這種廣泛而深刻的共時代性，引發過喋喋不休的爭論。作爲這一次規模巨大的論爭的積極結果，則是導致了中國當代關於"人"的二次啓蒙、詩學觀念的轉型以及對於詩歌與詩歌藝術理論批評的重視。抑或說，"關於新詩潮的論戰不僅直接促進了詩歌創作的繁榮，而且促成詩歌批評的繁榮。"[2] 人們同樣看到，那場情緒激烈的論爭因近距離的攝照並且夾雜著過多的敍事策略和個人恩怨，使朦朧詩的地位顯得更爲特殊。今天，這一切都已成爲歷史，而歷史是後人寫的，

1　《托・史・艾略特論文選》，第 53 頁，上海文藝出版社 1987 年版。
2　謝冕：《朦朧詩論爭集・序》，《朦朧詩論爭集》第 2 頁，學苑出版社 1989 年版。

於是我們獲得了重新觸摸這段歷史的機緣。

一、"朦朧詩"：矛盾重重的文學史敍述

"朦朧詩"一詞，最初見諸於 20 世紀 80 年代初有關現代主義文學的論爭中。這是一個相當含糊的後設命名，但因沿襲既久，其指稱卻是基本明確的：朦朧詩，作爲一個獨特的詩學概念，它指稱的是以北島、舒婷、顧城、江河、楊煉、芒克、食指、多多、梁小斌等爲代表的一批"文革"中成長的青年詩人的具有探索性的新詩潮。它與傳統詩歌美學有著明顯區別：它強化現代意識，突出詩人主體自我，追求迷朦含蓄，廣泛運用象徵、隱喩、變形等手法，使作品撲朔迷離，呈現抽象性和超脫性特徵。

朦朧詩孕育於"文化大革命"時期的"地下文學"，並逐步由"地下"走向"地上"，以致終於爲新詩開闢當代詩歌現代主義的新徑。它所顯示的那種變革傳統的創作傾向，在當時被看作是"詩的新潮"——這就是後來朦朧詩被稱作是"新詩潮"的最早提法。著名詩歌評論家謝冕教授在新著《謝冕論詩歌》中，就較多地使用"新詩潮"這個概念，認爲"'新詩潮'是中國社會發展一個特殊時代的產物，它以長達十年的'文革'動亂爲背景，它的詩情凝聚著對於當代社會災難的嚴峻反思和批判精神。但作爲藝術潮流，它更是對於中國自 50 年代以來逐漸形成的藝術一體化的反動，它的出現宣告了受限定的藝術規範的衝破。"[3] 譚楚良則在《中國現代派文學史論》之"在褒貶毀譽中生長的'朦朧詩'"專章中，更清晰地指明："朦朧詩"與"新詩潮"大致

---

3 駱寒超：《20 世紀新詩綜論》，第 261–265 頁，學林出版社 2001 年版；謝冕：《謝冕論詩歌》，第 142 頁，江西高校出版社 2002 年版。

是一個概念，“朦朧詩被認爲是當代中國現代主義的最早標誌”。4 鑒於“朦朧詩”和“新詩潮”這些命名在文學批評中已獲得廣泛認同，本文也是在這樣一些話語層面上使用相關概念的。

　　隨著學界對新詩潮源流多年“考古發掘”工作的基本告罄，一些共識已大致得以確認。朦朧詩孕育於“文化大革命”時期的“地下文學”，其精神之“根”，可以追索到以郭世英爲代表的“X 詩社”和以張朗朗爲“精神領袖”的“太陽縱隊”，而真正也是唯一帶著作品進入 70 年代的詩人，則是郭路生(食指)。作爲“新詩潮第一人”，郭路生不僅以自己的劃時代之作《這是四點零八分的北京》、《相信未來》、《瘋狗》等，爲新詩潮提供了人文色彩強烈的時代文本，特別可貴的是他把一種狂飆突進的啓蒙意識融入了中國讀者所熟悉的詩歌形式。之後，在離北京不太遠的白洋淀，一片煙波浩淼、宛如世外桃源的邊緣之地，一個從中心放逐到邊緣，然後又從邊緣回到中心的地下詩歌的江湖自然形成了，他們思考、讀書、寫作，他們寫出了那個時代最重要的詩歌，並直接孕育出後來朦朧詩派的主要代表性詩人。確實，“從某種程度上說，它比十一屆三中全會前後，《今天》的創辦更爲重要，因爲後者在新文學時期地位的確立和產生影響，依賴於前所未有的思想開放的時代契機，而前者沒有（至少在當時看不到）這種契機，它只能是非常個人化、非功利的腦力勞動。”《今天》的誕生，標明新詩潮從“地下”到“地上”，從潛流到公開，並使一個朦朧詩派聲名遠播。5 這是一個整體性的歷史軌

4 譚楚良著：《中國現代派文學史論》第 334–340 頁，學林出版社 1997 年版。
5 參見楊健著：《文化大革命中的地下文學》，朝花出版社 1993 年版；廖亦武主編《沉淪的聖殿——中國 20 世紀 70 年代地下詩歌遺照》，新疆青少年出版社 1999 年版。

跡，新詩潮的重重矛盾也在歷史展開過程中產生。

　　相對於朦朧詩指稱及衍變所具有的某種確定性，詩界特別是詩歌活動的親歷者對朦朧詩相關問題存有諸多異說。伴隨對於朦朧詩研究的視野拓展和歷史定位，新的爭論起源於被以往朦朧詩研究遮蔽了的幾個潛在命題：既然朦朧詩從“地下”到“地上”、從民間文學形態到被體制文學所接納，經歷了孕育、醞釀、探索的歷史過程，那麼除了被當今文學史敍述所書寫的顯泛的歷史和詩人，是不是還忽略、遺漏了十分重要的潛隱歷史和重要人物？除此以外，當今被文學史敍述所特別關注的有關朦朧詩的歷史話語、詩歌文本、審美觀念、形式語言等，因當時意識形態的介入與批評主體自身的話語制約，有沒有被濾去真正優質的思想與藝術資源？或許還有其他文學或非文學質問，那些被文學史接納、凸現的朦朧詩代表，如北島、舒婷、顧城、楊煉等，他們對民間文學狀態的朦朧詩有哪些精神繼承、藝術沿襲和技藝借鑒？作爲來自同一精神“故鄉”的朦朧詩人，親歷者更多地會從自身的歷史中展開深刻反思和豐富聯想。

　　這種深度詰問文學史的研究視角，無疑與當今新歷史主義批評觀念與“重寫文學史”的時代籲求相合拍。回眸、詢問朦朧詩，不過是這種“重寫”訴求的注意力中心之一。“重寫”，既意味著對歷史的還原，同時也意味著對歷史本真的“揭示”。研究者對朦朧詩諸多命題的不同指認，這反映了人們對於朦朧詩的認識存有差異，而認識的差異決定著方法的形成，我們注意到，90年代之後的朦朧詩研究除了在已有基礎上深度展開文化學、社會學、文本語義等研究以外，更注重還原歷史、透視歷史的“非虛構”鉤沉：研究者採用文化人類學者經常使用的“田野作業”方法，充分挖掘被歲月塵土湮滅、掩埋了的歷史實物，如民間刊物、詩人詩集、檔案資料、手抄本、信件和老照片等，試圖接續從"地下"浮升到"地上"過程中被忽略的往事，澄清一再被誤傳的"知識"，從而展開自己的敘事。恰如詩人廖亦武在《沉淪的聖殿──中國 20 世紀 70 年代地下詩歌遺照》"楔子"中所言："'朦朧詩'概念的出現意味著整個六、七十年代的地下文學的'集體自殺'。我以為這本書所展示的不應該是海面上壯觀的藝術殘骸──事過境遷的詩歌、小說、理論結集，也不應該是被商品觀念所操縱的公眾普遍認可，更不是摻雜編著者個人想法的歷史評傳或通俗演義，而應該是一本由圖片、手稿、信件、刊物、編目、便條組成的資料集。當然，當事者的回憶、說明、論證及對當事者的採訪都必不可少，這樣才能一點點填補遺忘真空，部分恢復歷史細節（歷史肌肉）的彈性。"廖亦武的這段話有一定的代表性，它預示著朦朧詩選題"細節化"的深入展開，而其深意是走出"昨天的談論"，重新檢視與回顧"過去三十年的以詩歌運動為主潮的'自由精神文化'歷史。"6

　　文學的發展有它自己的規律，一種優秀傳統一旦形成，就會形成自己的力量。最初的一批新詩潮"弄潮兒"從"文革"廣闊的歷史與社會的角度形成的詩歌傳統和自由精神，總會極頑強地沉澱在不斷演進的詩潮的審美意識中，並成為朦朧詩獨特的標識和資源。從這一角度看，今天當我們再回首朦朧詩派，一般都認同它絕不限於以《今天》為代表的"新詩潮"這冰山一角，或如80 年代文學史普遍敘述的"知識"，即：自 1979 年 3 月《詩刊》率先發表北島的《回答》、1980 年又以"青春詩會"形式集中推出 17 位朦朧詩人的作品和詩歌宣言為始，至 1986 年"現代主義

6 廖亦武主編：《沉淪的聖殿──中國 20 世紀 70 年代地下詩歌遺照》，第 3 頁，新疆青少年出版社 1999 年版。

詩歌大展"所標識的後新詩潮（或曰"第三代詩"、"後朦朧詩"、"新生代詩"）集體亮相這短短的七、八年時間。[7]或者說，朦朧詩派不止涵括北島、舒婷、顧城、楊煉等詩人的顯泛歷史書寫，也即新詩潮不只是"今天"詩派的"角鬥場"，在他們之前還有一批真正意義上的先驅者擔當了"鋪路石"的角色，他們構成了朦朧詩派的潛在寫作或民間狀態的寫作。從創造人文傳統、培育詩歌精神、孵化青年詩人角度評價新詩潮的先驅者們，其貢獻同樣重要甚至更爲重要。如果確立了這樣一種邏輯起點，那麼才會看到朦朧詩的整體或"全貌"，才會避免先驅者們培育的"自由精神文化"在敍述中的全盤喪失，從而避免歷史傳統的斷裂。

　　儘管對"朦朧詩"或"新詩潮"有不同的稱謂，但它被指認爲"流派"或"准流派"恐怕不會有太多的異議。一般來說，流派的形成，離不開社會、政治、文化對它的催生作用，對它的推動作用和擠壓力。在汲取和承受諸多外力的時候，流派作爲一個有生命的文學構成和文學過程，在其張揚個性和組合個性中不同程度地具備五個要素：風格要素，師友要素，交往行爲要素，同人刊物和報紙專欄要素，社團要素。以此楔入朦朧詩派研究，我們自會發現：近年來詩界在朦朧詩研究中出現的各執一詞的"無名"狀態，無非是被新詩潮流變過程中的前後錯位、互相交叉以

───────────────

7 "四·五"天安門詩歌運動中，"朦朧詩"只出現了一首，而且當時並不爲人所注意，幾個天安門詩選均未把它收入，但這場詩歌運動畢竟給"朦朧詩"由"地下"走向"地上"提供了契機。1978年12月23日北島、芒克主編《今天》印發始，標明朦朧詩詩人結束了長期處於孤軍奮戰狀態，已作爲一個完整的流派而存在了。另外，在文學史敍述中，後新詩潮也被稱爲"後朦朧"、"朦朧詩後"或"第三代詩"，不同的稱謂說明當代文學由於其動態性，構成了指稱概念的多樣和莫衷一是。

及 "誰是新詩潮第一人" 的山頭之爭迷惑的產物，而要真正擺脫這種困惑，並尋求突破，還有待於研究者施展以庖丁解牛，深中肯綮之技，於肌理密集處進行 "中觀研究"。

　　"中觀研究"，乃是流派研究的新方法論的應用。楊義先生在論述流派研究方法的專論中，曾深刻地指明：中觀研究既非對作家或文本的微觀研究，也不是浮泛的宏觀理論研究，它專注於流派肌理密集處，從此生發問題，以爲 "這裏是文學生命的集結點，有流派間千絲萬縷的聯繫，有歷史文化重重疊疊的投影，有文學個性的千姿百態的探尋。" 中觀研究注意到這樣一個事實：生命存在於複雜之中，存在於異同微妙之處。"要想深入其間，就必須在掌握大量第一手材料的基礎上，比較分類、體悟探本、洞察而溯源，這就需要廣泛使用帶有悟性的鋒利感的比較方法，以及寬廣而深邃的、有主見而又寬容的文化學視角。" 流派的特殊性，在於它 "乃是一種發自中國社會深處的文化召喚，以及特定作家群體對召喚的回應，是各種社會欲望和文化潛流借文學載體的突現和表演。" [8] 以 "中觀研究" 的方法觀照新詩潮，矛盾重重的朦朧詩流脈或許可以清晰起來，也不致忽略具有本質意義的 "文學生命的集結點"。

　　首先，新詩潮孕育於大致相同的文化生態，其精神指向具有明顯的共時性。儘管新詩潮像一般文學流派演變過程那樣，存在著醞釀、探索和發展的不同時段，但其生存的外部時代環境即 "文革" 動亂歲月，以及民間從 "文革" 的狂熱中冷卻、思考以至 "反動" 卻是一致的。總的說來，朦朧詩是 "文革" 政治文化催生的反叛性文學，它所代表的 "自由精神文化" 也是整個時代的訴

---

8 楊義：《流派研究的方法論及其當代價值》，《海南師範學院學報》，2001年第 5 期。

求。雖然在新詩潮的流變進程中，由於時代內涵和主體意識不盡相同，經歷了由郭路生的“相信未來”灰色理想、“白洋淀”派理想失落和自我放逐，以至北島喊出“我不相信”的時代吶喊，但其針對性和指向性都非常明確，明顯表現爲與時代性主流意識形態的斷裂和告別。因此，正是這種文化生態的同一性，使我們可以從宏觀上透視新詩潮的整體性，又可以從微觀上把握不同時段豐富多彩的個性，使這些個性能夠定位，有所歸屬。

其次，新詩潮作爲一個動態過程，在漫長的摸索、準備時期，詩人群體之間明顯具有沿傳、繼承關係。這裏就涉及到流派內部的繁雜性，前述矛盾也由此而來。但換一種思路看問題，那麼這種相互傳習、借鑒的意義卻是顯而易見的。楊義先生認爲：“至於作家間的師友關係和交往行爲，則是流派成員呼群引類（不要從貶義上理解之）、聯絡和組合諸多個性的人際行爲方式。這類行爲在學藝切磋中，有意無意地發揮了風格導向、心得傳授、情感溝通、精神激勵和行動協調的多種效應。”現代文學史上，京派中周作人之於俞平伯、廢名，沈從文之于蕭乾、田濤、汪曾祺；七月派中胡風之於路翎、阿壠、魯黎、冀汸、牛漢，均誼在師友之間。而上海現代派的戴望舒、施蟄存、杜衡有多年同窗之雅。“這就使他們多少可以享有一個共同的文化氣候，而且在一個重友情的國度裏，使文學個性的追求滲透著幾分人間情義。”9朦朧詩派也不外乎此，如郭路生與白洋淀詩群大概在師友之間，而“今天”派詩人與白洋淀詩人互有穿插，詩人群體則多爲同窗，或來自同一知青部落，他們以詩會友，相互切磋、借鑒、闡發，構成了“文革”時期頗爲獨特的精神社區。他們之中“你中有

---

9 楊義：《流派研究的方法論及其當代價值》，《海南師範學院學報》，2001年第5期。

我，我中有你"，既有傳承，又有傳習，而他們的讀詩會、約稿會、聚餐會，也多少帶點古代文人雅集的味道，到底也滋潤著他們的群體追求。

再次，審美風格和詩歌話語的趨同性。風格要素是一個文學流派的文學旗幟，也是區別於其他文學派別的個性標幟。它是文學流派在汲取文化思潮、選擇審美形式、形成審美意識和美學趣味等所反映出來的獨特性。由於處於"文革"特殊的歷史歲月，大批判的盛行掃蕩了"封、資、修"留下的一大片心理空間，僅靠"語錄"和"大字報"是填不滿的。於是那些時值 15 至 25 歲處於"斷乳——反叛期"的青年開始千方百計尋找"內部讀物"，偷嘗"禁果"，在"修正主義"和"資本主義"的現代西方文化中汲取精神營養。在"文革"思想史上起了重大作用的"灰皮書"、"黃皮書"就是在這樣的文化背景下登場，並在一代人的思想里程中催化了精神"核裂變"的。[10] 鑑於知識譜系相同，人生境遇類似，以及由此展開的精神探索的同向性，這樣新詩潮詩人們之間同氣相求、同類相聚幾乎成為必然；同時，深深地影響著新詩潮風格要素的，還有寫作方式、傳播方式、閱讀方式，以及詩人的交往方式、成名方式等，互動式的交相影響既激勵個人的創造個性，也從更高層次上制衡著一種大致相同的審美風格的形成。白洋淀時期的詩人馬佳，曾經從一個側面談及新詩潮詩人之間的"風格"問題："我覺得，恐怕沒有一個時期的詩人能像這個時期。沒有功利的，能夠真誠的直面人生。當然也只有這樣一個特定的歷史條件下，才會產生這樣一群人……但是我認為，這個時期不管留下來多少詩，應當說這些詩對於《今天》

10 廖亦武主編：《沉淪的聖殿——中國 20 世紀 70 年代地下詩歌遺照》，第 5 頁，新疆青少年出版社 1999 年版。

以後這些詩人產生過影響。儘管現在這些人拒絕承認這一點，但確實產生了影響。按我們內部朋友的話講，大家一見面都露出了會意的微笑。就是說，你甭跟我來這一套，我知道你的詩是誰的，誰對你的影響最大。"[11] 馬佳的話有一定的啓示性，如果撇開了新詩潮內部的非文學因素，我們也可以發現：作爲一個詩歌群體，詩人之間共同受到某種風格的影響和薰染，是客觀存在的。審美風格與詩歌話語的近似性，客觀上會授人以"我知道你的詩是誰的，誰對你的影響最大"的似曾相識感覺，但這不能簡單地斷言是抄襲或模仿，而應從文學流派追求的一致性角度準確把握。事實上，沒有這種"異中求同"的風格追求，就喪失了這種文學流派的文學特質。

還有一個問題，即誰是新詩潮第一人。這個問題本來不應該成爲一個問題，因爲北島、舒婷、顧城、楊煉（或舒婷、北島、顧城、楊煉）的排名早已被歷史敍述所"欽定"，北島的身份雖然有些尷尬，但是在學界或一般讀者中其身影已經凸現出來。從某個角度可以說，人們正是通過閱讀北島，而認識"朦朧詩"或新詩潮的。但近年來，隨著有關新詩潮的史料發掘和研究的深度展開，"第一人"之爭不期然成爲繞不開的話題。例如，著名詩人林莽就在與唐曉渡"笑論詩壇風雲"，評說"當代詩歌誰先行"時指出："很多人在寫詩，但他們的創作很大程度上被埋沒了，人們知道——這裏所說的先行者指對當代詩歌發生重大影響的詩歌先行者，食指是主要的代表人物之一，他的地位按照我個人理解，是開啓了一代詩風的人。"林莽似乎在揭穿被歷史遮蔽的真相。同樣，許多詩人在談到食指時，也都自然而然地說："提

---

11 廖亦武主編：《沉淪的聖殿——中國 20 世紀 70 年代地下詩歌遺照》，第 222 頁，新疆青少年出版社 1999 年版。

起當代詩歌，人們都知道北島，但大部分人卻不知道對北島詩歌
產生過深刻影響的一個人──食指。"並且都一再強調：北島對
食指的評價也是如此。2001 年，在大陸知識份子群體中很有影響
的報紙《南方週末》，發表署名揚子的文章《食指：將痛苦變成
詩篇》，指出食指是 "新詩潮詩歌第一人"。[12] 這或許是客觀的
歷史陳述，但它從文學史角度卻提出了一個詰問：既然有食指在
前，爲什麼朦朧詩的代表偏偏是北島呢？

　　在我看來，提出"新詩潮詩歌第一人"的問題，本身就是一個
歧義性的假命題。"第一人"既可以是時間意義上的"第一人"，也
可以是詩歌成就上的"第一人"，而且，任何一個意義上的"第一
人"，在文藝學的解釋中都很難構成定論。至於爲什麼歷史選擇了
北島作爲朦朧詩派的代表，而不是其他哪位詩人？我的看法是：
一方面，在新詩潮湧現出來的詩人群中，北島詩歌的綜合成就確
實較高，另一方面，也有歷史這雙"無形之手"在推波助瀾。眾所
周知，北島並不是朦朧詩人中第一個吃螃蟹的人。朦朧詩的先驅
詩人是食指與黃翔。但即使如此，年齡最輕的北島"均以成熟的眼
光較準確地評估了"這些年長詩人的創作，"自然包括批評、建議
與評價"。[13] 而且，就詩歌本身的技法、力度和思想而言，北島無
疑比食指和黃翔更激進、前衛。這一點只要我們拿北島的《回答》
和食指的《相信未來》一比較，就可以明顯看出。食指的抒情方
式是唯美的、近乎歐洲詩歌十九世紀的那種寫法，是肯定與嚮往
式的；北島的抒情方向則是冷峭的、憤怒的、富有理性和懷疑色
彩的，是否定式的，而這一點，無疑比食指的風格更靠近二十世

---

12 徐國源：《遙遠的北島──北島詩、人及散文評論》，第六章，臺灣黎明
　　文化事業公司 2002 年版。
13 啞默：《中國新詩史的一個重大忽略》，《文藝報》2001 年 3 月 21 日。

紀世界詩歌的主流。比照當時與北島齊名的幾位詩人，北島詩藝上的全面性以及優勢也是明顯的。"嚴格地講，舒婷只是一位在當時而言極爲優秀的女詩人，她的詩歌語言太常規化、平面化，缺少現代主義詩歌的多重空間向度，沒有給讀者留出太多的想像空間，不應將她的抒情詩稱作朦朧詩。充其量，也就是用一些明晰的語言抒發有關愛與人性的'朦朧'情緒而已。顧城的詩太天馬行空、兼有一種與其年齡不相稱的純真(說好聽了是純真，說得不好聽則是固執地幼稚)。梁小斌說白了，是一位更加成人化、成熟版的顧城，詩歌明朗富有朝氣，但缺乏追問人生的底蘊……就綜合水準而言，這其中任何一人，都是難與集意象、哲理、反諷、時代歌手於一身的北島相提並論的。"[14]與此同時，北島還是位出色的詩歌組織者。作品除詩歌外，尚涉及小說、隨筆和譯作，在同代詩人中，他的"批判性"也富有感召力，這就不可避免地決定了他將成爲一位詩壇上引人注目的人物。況且，朦朧詩聲譽達到頂峰之際，也正值我們的民族執著於反思過去那段苦難的經歷，而北島那些詞句鏗鏘、富於哲理、充滿了受難與英雄氣息的詩篇，自然又會格外爲他贏來鮮花和掌聲。所以，儘管北島一再在國內外不同場合聲稱自己是一位純粹的詩人，不是什麼"持不同政見者"，曲解與誤讀仍然環繞著這位詩人和他的作品。而這種誤讀，由於眾所周知的原因，反而在海外提高了北島的知名度，並進而回饋到國內。[15]這場爭論還沒有消歇。詩派問題本來就是一種特

14　朱大可、徐江等著《十作家批判書》，陝西師範大學出版社 1999 年版。

15　當我們回顧二十世紀 80 年代詩歌在中國所達到的輝煌，以及 90 年代相對的低調時，我們無數次聽到這樣的感慨。確實，爲什麼偏偏是北島，成爲中國當代詩歌乃至整個文學在世界上的象徵?徐江在《諾貝爾的噩夢——北島批判》長文中，分析了其中原因："如果單以在'文革'背景下從事呼喚人性的寫作這一點來衡量，顯然北島不是唯一的優秀詩人。年長北島 8 歲的

別複雜的文化現象。歷史的長河浩浩蕩蕩，但誰又能看見推波助瀾的"無形之手"隱藏其中呢？

二、批判性主旨與現代詩建構

朦朧詩孕育於波譎雲詭的動盪的十年"文革"，歷史的曲折發展使一代人都經歷過從狂熱的迷信到痛苦的覺醒，從苦悶的徘徊到真理的探求這樣一個曲折而豐富的心靈歷程。時代醞釀著一股新的潮流：一些尚處於潛流狀態的"叛逆"力量，在思想上萌生出對於人、對於生活、對於政治的獨立思考，而在感情上又犁開了痛苦、憤懣和反叛性的情感通道。特別是在"文化大革命"以後，這種情與理、"思"與痛扭結的矛盾更加尖銳了。與此同時，藝術本身發展的要求，也在尋求、呼喚新的突破。在這歷史

貴州詩人黃翔和年長北島 1 歲的北京詩人食指，從事寫詩的年頭似乎都比北島要長，而且，一度在少數文化精英圈子中所享有的聲譽也並不遜色於北島；芒克與多多詩歌的思想力度並不比北島差，語言比北島的更直白，同時又更藝術化，可前者即使在其聲譽的頂點鋒頭上也始終未蓋過北島，後者則索性未完全被大眾接受，這究竟是怎麼回事?舒婷、江河、顧城、楊煉，他們一度是八十年代與北島齊名的朦朧詩高手，舒婷在官方文學界推出的排名甚至位居北島之前，但他們為什麼會在大眾及評論家的心目中始終無法比北島更醒目?至於比北島更加年輕、詩寫得更加現代、更加國際化的嚴力，還有以《中國，我的鑰匙丟了》聞名於世的安徽詩人梁小斌，他們各自創作的意義似乎也仍然無法與北島相比：嚴力的意義要到九十年代，才在中國詩壇顯出他的重要性，而梁小斌，除了一度曾使北京'今天派詩人'為主將的朦朧詩更加深入人心、更具有全國性色彩外，再沒有為我們帶來什麼對詩歌具有建設性的東西……同輩的詩人尚且如此，後一輩的詩人欲與北島試比高則顯得更難了：畢竟，他們的創作距'文革'的背景已越來越遙遠，而他們越來越本真的個人化風格，則顯然不能激起全民對詩歌的注意。"（朱大可、徐江等著《十作家批判書》，陝西師範大學出版社 1999 年版）徐江的"批判"著眼於宏觀與整體，缺少必要的、細緻的分析。但他抓住了一個關鍵性問題，即歷史選擇北島，不僅是他詩歌綜合成就的反映，而且還有社會、時代和世俗"誤讀"因素在起作用。

性轉機或契機中，朦朧詩終於從歷史的黑暗中走出，伴隨一股新的社會變革性思潮，斷然宣告了對“文革”政治意識形態的“斷裂”，並以強烈的挑戰意味成爲特定時期的思想“異端”，而在藝術上又接續了中國現代詩歌中斷已久的現代主義。

提起“批判”，人們很容易想到古語的“除舊佈新”，想到康有爲的“盡滌舊習”（康有爲《殿試策》），想到毛澤東的“破與立”。它們大致能表達出“批判”一詞所包含的“捨棄、取消、橫掃”意思。至於“無產階級文化派”、“拉普派”那種“燒掉拉斐爾，搗毀博物館，踩死藝術之行徑”，[16]又會使人明白“批判”的含義決不僅僅是中國有之。作爲與“繼承”相對立的概念，其實批判不僅意味著捨盡滌蕩的態度，而且還煥發出文化結構中潛藏的新的功能。[17]批判並不是爲了拆解現存的一切，其要旨在於完善人類與社會。批判的態度並不一定就是消極的態度，更不能把批判性簡單地視爲破壞性，恰恰相反，許多時候批判是一種進取，是一種建設，是勇敢的探求。因此，文學的批判不僅可用於異己，同樣也適用於體內的修正；批判不僅在舊時代必要，在新社會也有它的使命，只是批判的性質與意義不同罷了。詩歌作爲個人性較強的文體，儘管其主要功能是偏向於審美的，但在古今中外不同時期卻例外地成爲“角鬥士”的角色，而且其異己性格表現格外鮮明。朦朧詩也沒有擺脫這種“宿命”，在從宗教神學的思想禁錮中解放出來的社會性思潮中，它的批判功能與品格一定程度上甚至超越了任何其他文體，當然也招致了“叛逆者”的罵名：在許多人看來，朦朧詩既是意識形態的叛逆者，也是詩歌本體意義上的叛逆者。

---

16 戈爾布諾夫：《列寧與無產階級文化協會》，第 111 頁。
17 吳炫：《中國當代思想批判》，第 81 頁，學林出版社 2001 年版。

　　朦朧詩獨獨選擇最尖銳、最冒險的政治批判作爲切入口，或者說政治批判的鐵肩道義偏偏落在詩人和詩歌身上，多少有點匪夷所思。但如果考慮到特殊的歷史背景和文化氛圍，那麼這種選擇又似乎是可以理解的。從政治文化角度看，建國以後，由於權威意識形態的高壓態勢，特別是"文革"時期"一句頂一萬句"極左口號的提出，知識份子從自由思想的發軔者成爲最無思想特權的"失語者"，並且在領袖的"政治道德化"（李澤厚）的政治傳播策略中忍受著思想改造的艱熬，事實上，知識份子已難以擔當起政治批判的義務，而此時，真正意義上的"民間"（如白洋淀）卻因偏於一隅，反而處於相對寬鬆的社會環境，因而也獲得了較多的思想自由，因此一些具有反叛意識的思想者以民間獨特的方式傳遞時代的真實聲音，代替知識者表達社會批判的話語權力就成了必然，朦朧詩派恰恰具備了所有這些條件。

　　從文體角度看，批判職能之所以由詩歌承擔，亦非偶然：一方面，最具思想活力和批判性的文體，如時評、雜文、報告文學以及知識份子獨創的"述學體"，因作家和知識份子的人身自由和思想自由的全盤喪失，其實都已處於衰萎狀態，而惟獨詩歌，因領袖的推行和"民歌體"的一度興盛，倒是尚存一線生機；而最具有反叛意識的恰恰是青年，詩歌與青春有緣，也註定了詩歌會成爲他們表達情感與思想的首選。被稱爲"午夜歌手"的北島曾唱出過一個時代的悲劇：

　　　我是人
　　　我需要愛
　　　我渴望在情人的眼睛裏
　　　度過每個寧靜的黃昏
　　　在搖籃的晃動中

等待著兒子的第一聲呼喚

在草地和落葉上

在每一道眞摯的目光上

我寫下生活的詩

這普普通通的願望

如今成了做人的全部代價

一生中/我曾多次撒謊

卻始終誠實地遵守著

一個兒時的諾言

因此，那與孩子的心

不能相容的世界

再也沒有饒恕過我……

—— 北島《結局或開始》

　　這首《結局或開始》，講述的是一個泥土般樸素的願望：做一個正常的人，可是在黑暗深重的年代，這種最普通的願望也無法實現。更大悲劇還在於，到處是“撒謊”的聲音，而良知未泯的“孩子的心”卻要向被視爲天經地義的謬見挑戰，要讓千百萬被侮辱與被損害者恢復名譽，向社會索還自由。這裏，詩心成了社會良心，它雖不能見容於世界，卻依然是堅決的。正是這些偶然與必然錯綜交錯的因素，使朦朧詩人成了一個時代聲音的傳遞者。

　　眾所周知，朦朧詩是以“反叛”的名義得以展開，並獲得啓蒙價值的。或者說在當時特定的歷史背景下，朦朧詩的啓蒙並不是以正面的建設而確立了自己的價值意義，而是以否定性的“不”暴露了歷史真相，給人以啓蒙性認識。進而問之，朦朧詩批判性的“不”，其抒寫的動力來自哪裏呢？我以爲主要來自於它的壓迫對象——現實政治。這裏，就不能不涉及到一個文學揮之不去的夢魘——與政治的關係。"文學與政治的水乳交融可能是中國文化的一種特性。這種特性使得文學與政治始終難以形成西方式的平等和對立的關係。由於這種水乳交融在傳統文化中是以失去其相互關係爲代價的，所以才會造成'文以載道'的文學現象。"[18]事實也是如此，朦朧詩曾企圖以批判性的"不"劃開與特定時期專制政治的關係，但由於壓迫的物件過於強大，而其自身又缺乏否定主義文藝學的"穿透力"，最終便不免落入與時代政治難捨難分的巨大隱喻中。以致今天人們再次檢視朦朧詩，因其批判性"不"的話語蒼白，它當時所具有的振聾發聵的力量，如今卻因語境的變遷而多少顯得虛妄了。這，或許正是朦朧詩人再也無法重現昨日輝煌的原因之一。

　　按照法蘭克福批判學派的觀點，批判之獲得必須從物件開始。朦朧詩也是通過對歷史、社會和自身經驗的省思中，由外而內地展開批判歷程的。從外部歷史看，從 1957 年反右到"文革"時期，我國在意識形態領域的宣傳一直貫穿著甯左勿右的路線。"四人幫"則將這種極左的"一句頂一萬句"路線推向極端，就成了"八億人民八個戲"，舉國上下，"兩報一刊"發號施令。而在"文革"後期恢復和創辦的《人民文學》、《朝霞》等幾家期刊，由於"文革"陰霾不散，仍然不過是極左政策的文學圖解——這種用文學圖解路線鬥爭的創作思維甚至貫穿到反"四人幫"的作品中。

　　與體制文學時代性"失語"相反襯，"在遠離塵囂的深谷裏，一條瀑布孤獨地歌唱著，它的情感絕不爲世人而敞開，'高

---

18 吳炫：《中國當代思想批判》，第 81 頁，學林出版社 2001 年版。

山流水'不再是人們的知音，它惟一的知音是像死一般寂靜的沉默。"[19] "孤獨"與"沉默"是相對於權威意識形態話語而言，新詩潮作為一個民間群體卻一直以一種獨特的方式存活著、"歌唱"著，而且他們的詩歌一直以民間的手抄本、油印或鉛印本在內部秘密傳播。意識形態的抑制並沒有剷除真正的詩歌，相反使詩人們更執著地認定自己的詩篇總有"出頭之日"。詩人黃翔在文革時期寫的詩論中自信地宣稱："唱歌的人死了，歌聲也就停止了，但詩的歌永遠不死。"他並且指著自己的詩作對假想的讀者說："這裏有屬於未來的種子，只有白癡才看不見它。"[20] 由此可以看出，詩人指認的他們的"詩"或"歌"是與報刊上發表的詩歌分流並行的，民間狀態的詩歌屬於"未來"。

這裏涉及到朦朧詩研究中的一個"盲點"。多年以來，朦朧詩批評的關鍵字大致有 "批判"、"否定"、"懷疑"、"異端"、"反叛"、"挑戰"等，但學界對這些標籤式的批評話語卻始終語焉不詳，未見深入闡發，我認為其主要原因是局限於文本與社會的映照式分析，而沒有能夠從兩者構成的關係中深入闡發，也就是說缺乏對朦朧詩或新詩潮所遭受的外力重壓進行必要的透視和洞照。我認為朦朧詩的批判精神，除了出自於對"文革"中反科學、反民主現象的思考，希冀從宗教神學的思想禁錮中解放出來的自身訴求以外，另一個原因也許是更重要的原因，乃是直接來自於對"壓迫"性思想的反抗。人是有思想的動物，朦朧詩人恰恰是在"萬馬齊喑"的蒙昧年代保持了難得的思考活力。例如，1972 年北島曾在一封與同學談"信仰"的信中，對"信

---

19 王家平：《文藝爭鳴》，2000 年第 6 期。
20 黃翔：《留在星球上的劄記》（寫於 1968 至 1969 年的詩論），見《黃翔作品集》（列印稿），第 462 頁，第 481、482 頁。

仰"本身就曾提出過質疑："你忽略了一點，沒有細看一下你腳下的這塊信仰的基石是什麼石頭，它的特性和它的結實程度，這樣就使你失去了一個不斷進取的人所必須的支點——懷疑精神，造成不可避免的致命傷，接踵而至的'無限樂趣'、'無限愉快和幸福'不過是幾百年前每一個苦行僧和清教徒曾經體驗過的感情。"[21]正是這種懷疑精神，使北島寫下了著名的《回答》："告訴你吧，世界/我—不—相—信 / 縱使你腳下有一千名挑戰者 / 那就把我算作第一千零一名"。據查考，這封信寫於 1972 年 2 月，當時林彪事件剛發生不久，文化知識界漸漸從迷信中警醒過來，開始對"文革"有所懷疑，但還很少有人對於我們的所謂"信仰"，以及構成這信仰的意識形態提出質疑。

阿爾都塞意識形態理論認爲，文化或意識形態都隱含著權力，由它們生發的各種文化構成了一種權力話語，這種權力話語往往或隱或顯地對身處其中的主體形成一種規範、壓抑，並往往內化爲主體的意識。阿爾都塞理論無疑爲我們廓清歷史情景中由權力話語播撒的迷霧提供了慧眼，特別爲我們識破朦朧詩"非中心化"（decentred）的批判性欲求與政治力量的關係提供了視角和啓示。在現代中國，文學與政治從來就有"剪不斷，理還亂"的關係，當文學登上意識形態的"角鬥場"，政治給予它的壓力可想而知。北島曾在一次訪談中回憶《今天》派詩人當時面臨的現實處境："我現在實際上完全談的是《今天》的外部風景，它作爲一種生存的條件，和整個政治氣候、整個西單牆運動密不可分的，所以在《今天》一開始就存在一個很大的問題，即是怎麼在文學和政治之間作出選擇？所以在我早期的作品中帶有很強的

---

21 廖亦武主編：《沉淪的聖殿——中國 20 世紀 70 年代地下詩歌遺照》，第 392 頁，新疆青少年出版社 1999 年版。

政治色彩，和當時的具體的個人經驗也很有關係，當時就是整天面臨著生離死別，就是這樣，每天都有威脅，所以它構成了一種直接的壓力。"[22]北島的話指認了這樣一個事實：以《今天》派代表的朦朧詩所帶有的"政治色彩"，是從個人的經驗即直接面對的政治壓力而曲折衍化出來的，並不是"形而上"的先驗性的政治批判意識。或許從這個角度切入，我們才能更真切地把握朦朧詩的批判主旨。

但我們也不能不看到，朦朧詩從"地下"到"地上"，以其強烈的批判性主旨成爲新時期文學的啓蒙話語，則是得益於改革開放的輿論環境和時代性變革思潮。兩者互有需要，難捨難分。從政治需要角度看，"文革"的浩劫隨著"四人幫"的垮臺已經結束，代之而起的是對這種以"純潔思想"爲目的的極端精神王國的撥亂反正。但"兩個凡是"陰魂不散，思想僵化的堅冰沒有消融，"文革"時期的思想模式明顯已成爲政治變革的阻力。當三起三落的鄧小平在黨的十一屆三中全會上提出"解放思想，實事求是"，隨之在全國開展"實踐是檢驗真理的唯一標準"的大討論後，封閉的社會之門、思想之窗終於打開，人們湧向幾十年不敢踏進的"禁區"，由拘束地張望、感恩戴德到熱淚盈眶，繼而產生自由地表達自我、發表言論的衝動，在這種政治輿論環境下，民刊應運而生，並受到"改革的總設計師"鄧小平的鼓勵："人民有什麼話，就應該讓他們說出來。"[23]政治需要民意，而"傷痕文學"、朦朧詩或其他"解凍文學"恰恰以最感性的文學

---

22 廖亦武主編：《沉淪的聖殿——中國 20 世紀 70 年代地下詩歌遺照》，第 339 頁，新疆青少年出版社 1999 年版。
23 轉引自廖亦武主編：《沉淪的聖殿——中國 20 世紀 70 年代地下詩歌遺照》，第 318 頁，新疆青少年出版社 1999 年版。

形式,代表了受壓抑和奴役的民意,因此可以說是時代給予了朦朧詩以破土而出的機遇。

從社會角度看,朦朧詩的批判性爲主旨之所以在 70 年代末、80 年代初具有啓蒙價值,其深層原因也在於它與"撥亂反正"、"改革開放"的時代主題和國家意識形態相適應,具有某種"共名性"。陳思和在《共名與無名》論文中對"共名"和"無名"作過如下描述:

> 當時代含有重大而統一的主題時,知識份子思考問題和探索問題的材料都來自時代的主題,個人的獨立性被掩蓋在時代主題下。我們不妨把這樣的狀態稱作爲共名,在這樣狀態下的文化工作和文學創作都成了共名的派生。

> 當時代進入比較穩定、開放、多元的社會時期,人們的精神生活日益豐富,那種重大而統一的時代主題往往就攏不住民族的精神走向,於是價值多元、共生共存的狀態就會出現。文化工作和文學創造都反映了時代的一部分主題,卻不能達到一種共名狀態,我們把這樣的狀態稱作"無名"。無名不是沒有主題,而是有多種主題並存。24

在另一篇論文中,陳思和從共名與無名角度來考察文學,認爲 80 年代具有共名特徵,他分析道:"80 年代是一個充滿二元對立觀念的時代,它以共名的主題'改革開放'爲主導,體現爲一系列互相對立的範疇:思想領域劃分爲'解放/保守'的對立,政治領域劃分爲'改革/僵化'的對立,學術上劃分爲'創新/傳統'的對立,對外政策上則以'開放/自閉'的對立,經濟領域劃分爲'市場經濟/計劃經濟'的對立,生活形態以'自由活潑/守

---

24 陳思和:《寫在子夜》,第 11 頁,上海人民出版社 1996 年版。

舊刻板’的對立……而這一切轉化爲文學創作的精神現象，就集中體現了追求人性的解放和直面複雜的人生的對立：對內是追求表達人性的深度和堅持階級分析的對立，對外是直面慘澹之人生積極干預生活和回避社會矛盾粉飾現實生活的對立……”25陳思和的“共名”理論給我們提供了新的啓示，由此來觀照朦朧詩就不難看出，朦朧詩的批判主題所蘊涵的思想資源，無疑是與主流意識形態所實行的輿論導向在總體上是一致的，具有共名性。這也正是朦朧詩在經歷了多年民間沉浮之後終於被體制文學接納，並能使讀者在官方刊物上聽到“憤怒”的聲音的緣由所在。

　　當然我們同樣不能忽略，朦朧詩話語與體制話語“貌合神離”，具有某種意義上的異質性（也許“同床異夢”才是兩者關係的準確描述）。檢視歷史，朦朧詩在八十年代初遭遇的政治壓力，既有其批判性過於偏激、激進，招致相對穩健的主流意識形態反彈和抑制的結果，更深的玄機卻是朦朧詩在政治思維中被認爲存在“立場和方向”問題，是一種思想的“異端”。儘管從文學思維即考慮到朦朧詩孕育於“文革”這一事實，那麼這種“異質性”當然是可以理解的，正如謝冕所言：“青年是敏感的。他們較早地覺察到封建主義的陰魂正附著在社會主義的肌體上，他們最先反叛現代迷信，他們要彌補與恢復人與人間的正常關係，召喚人的價值的復歸；他們呼籲人的自尊與自愛，他們鄙薄野蠻與愚昧。他們追求美，當生活中缺少這種美時，他們走向自然、或躲進內心，而不願同流合污。他們力圖恢復自我在詩中的地位。作爲對於詩中個性之毀滅的批判，他們追求人性的自由的表現，

---

25 陳思和：《試論 90 年代文學的無名特徵及其當代性》，《復旦大學學報》（文科版），2001 年第 1 期。

他們不想掩飾對於生活的無所羈絆的和諧的渴望。"[26]謝冕的話顯然是意識到了朦朧詩與特定意識形態之間的"異質性"，並在當時的兩種不同形態話語的對壘時刻，以學理性批評調和、消解了某種對峙與"敵意"，具有一定的策略意義，也因此贏得了在權力關係中處於"弱勢"的詩人們的普遍尊敬。經過 1982 年至 1984 年圍繞朦朧詩的激烈論爭，朦朧詩一定程度上調整了姿態，並且將其批判性主旨限定在文學可接受範疇內，而不致被"上綱上線"，儘管各種爭議依然存在。

　　至此，我們已可以對朦朧詩批判性主旨的思想資源作一梳理，大致可以從幾個方面加以認識：首先，朦朧詩的批判精神，除了出自於對"文革"中反科學反民主現象的思考，希冀從宗教神學的思想禁錮中解放出來的自身訴求以外，另一個更重要的原因，乃是直接來自於對"壓迫"性思想的反抗；其次，從整個社會角度看，朦朧詩批判性主旨之表達，其深層原因還在於它與"撥亂反正"、"改革開放"的時代主題和國家意識形態相適應，具有某種時代性的"共名"性質；再次，朦朧詩還從康德等啟蒙主義思想家那裏，曾獲得過直接的思想哺育，從而滋生出具有啟蒙意義的批判性主旨。這一點，後一章中將詳細闡述。

　　現代性的文學批評理論宣稱：意識形態語言時刻隱藏在作品的邊緣，評論實踐的任務就是提示文學文本所隱含的差別性話語。但以往的朦朧詩研究中卻有一個重大缺陷，即文學批評者往往以慣常的線性思維，在互不交叉的層面上闡釋朦朧詩的主題指涉與審美意識，而很少作聯繫性的整體觀。這種批評模式，顯然是割裂了兩者之間的內在關係，也缺少學理性的深層探詢。因此，

---

26 謝冕：《失去了平靜之後》，《詩刊》1980 年第 12 期。

若朦朧詩研究要避免常見而不新、熱鬧而不深切的批評狀態，亟需在思維和方法上作一調整。回到這個問題上，我們有必要從批判主題與現代詩建構的相依相存的關係上作出回答：朦朧詩何以對接的是當時社會閱讀中被認為是“毒蛇猛獸”的現代主義，而不是人們熟悉的現實主義或浪漫主義？這兩者之間究竟存在怎樣的內在肌理？

　　何為現代主義？儘管從 80 年代後期以來，學界一直對此持有爭議，觀點各異，答案亦莫衷一是，但經歷了十餘年的討論，已形成了基本一致的觀點。從歷史上說，“現代”（modern）是指緊隨西方近代而來的時代或時期；從文化上說，“現代主義”(modernism)和“現代性”(modernity)涉及到與古代、古典和傳統的決裂，以及對新穎、普遍性、現在或當下的強調。正如弗萊德里克·R·卡爾所說的，“現代主義的一個規範命題就是打破歷史；對其較激進的實踐者來說，歷史已經不存在了……只有‘現在’才是惟一的存在。”[27]換言之，在現代性的歷史境遇下，人類社會超越了自己的過去，不為傳統、風俗、習慣、前輩的願望和神聖的信仰所禁錮。從哲學角度看，“現代性”的內涵為：它首先是一種時代意識，通過這種時代意識，該時代將自身規定為一個根本不同於過去的時代；其次，現代性造就的是一種注重現在的精神氣質，但由於對“現在”的不同理解使之呈現出差異；再次，人類社會是一個不斷理性化、祛魅的過程，啓蒙運動製造的現代性話語是建立在不可逆轉的時間意識之上的歷史目的論的承諾，其核心是“理性”與“主體的自由”；第四，除了理性和

---

27 轉引自韓震：《關於現代性與後現代性的論爭》，《新視野》2002 年第 1
　　期。

個人主義，進步的觀念也是現代性主流的意識形態。[28]

　　在文學領域，西方現代主義文學與傳統文學呈現出全然不同的思想特徵和藝術特徵，在反映現實上具有明顯的兩重性。總體上看，"現代派反映了現代西方社會動盪變化中的危機和矛盾，特別深刻地揭示了人類賴以生存的四種基本關係——人與社會、人與人、人與自然（包括大自然，人性和物質世界）、人與自我——方面的畸形脫節，以及由之產生的精神創傷和變態心理，虛無主義思想和悲觀絕望的情緒。"[29]現代派文學是現代資本主義和工業文明雙重作用下所形成的，是在巨大壓力下被扭曲的心靈的吟唱。

　　歷史地看，西方異域現代主義文藝思潮曾在東方的古老詩國引起迴響。現代主義文學潮流，包括作爲它哲學和美學基礎的尼采哲學、佛洛依德精神分析學、柏格森的直覺主義和生命哲學，以及象徵派、神秘派、表現派、未來派、意識流等不同流派，早就被介紹到中國，並對我國現代文學的發展變化起到了不可低估的影響。[30]在詩歌方面，從茫然嘗試的先驅者初期象徵派詩人李金髮，經過東方民族的象徵派詩和現代派詩的創造者戴望舒、卞之琳，到 40 年代的馮至的《十四行集》，以及辛笛、穆旦、鄭敏們所代表的"九葉詩派"詩人群系，中國的象徵主義、現代主義的詩歌潮流，同以郭沫若所代表的浪漫主義詩潮，艾青爲代表的現實主義詩潮，一起構成了三十年裏中國新詩發展的歷史洪流。

---

28 參見趙景來：《關於"現代性"若干問題研究綜述》，《中國社會科學》2001 年第 4 期。

29 袁可嘉：《我所認識的西方現代派文學》，《文學概論參考資料》，第 261 頁。

30 參見譚楚良著：《中國現代派文學史論》第 1—14 頁，學林出版社 1997 年版。

解放以後至 70 年代,由於主流意識形態片面地把對於西方的現代性(現代化)所進行的全面批判,通過從批判資產階級和小資產階級思想到批判修正主義思想的轉換,逐步發展到了一種極端的狀態。在這種狀態下,爲意識形態所欽定的政治抒情詩被認爲是革命現實主義與浪漫主義相結合、政治性與民族化相結合的典範,成爲時代的"一家獨唱"和主旋律,現代主義文學理所當然地遭到了放逐和排斥。

以批判性爲主旨的朦朧詩穿越近三十年的斷層峽谷,重新與現代詩歌藝術對接,既有對現實介入的需要,也有主題切入之因素。自新詩潮孕育之初,郭路生以獨立的人的精神站出來唱歌,展現了人的自由意志和獨立的人格,也恢復了詩的尊嚴,但"這個回歸不是在一個人性健康蓬勃發展,並受到普遍尊重的條件下完成的,相反,是在一個人的尊嚴受到普遍的蔑視、踐踏、摧殘,乃至喪失的情況下開始這個轉變的。"[31]它的復甦和覺醒是初步的、膚淺的,並且"雖然幻滅的痛苦已經擊倒他們,但還固守著舊日的精神家園,編織著已經破碎的夢。"這種矛盾和張力,使詩歌的絕望情緒更加敏感,給讀者"有一種清新的宋詞的意境"的吟詠和品味。到了"白洋淀"詩群,"詩歌作者們朦朧的自我意識開始覺醒,讀書活動對自身奴性及宗教情緒的批判,使這種朦朧的自我意識逐步自覺,最終使個體的人站立起來,完成詩歌主體與價值的轉換:重建人的尊嚴,發揚人的個性,自己作自己的道德主人。"懷疑主義和人生荒誕是這個時期詩人普遍的精神指向,而波特賴爾以後的象徵主義詩歌正好迎合了他們的口味,在日後創作中白洋淀詩群刻意追求的也正是這種境界:強悍鮮明

---

31 廖亦武主編:《沉淪的聖殿——中國 20 世紀 70 年代地下詩歌遺照》,第238頁,新疆青少年出版社 1999 年版。

的個性，細膩貼切的感覺，奇譎瑰麗的意象，“這種新的審美經驗加入到五四以來建立新詩學的努力之中，形成這個傳統的一道艱難的漣漪。”[32]以北島爲代表的“今天”派其創作激情產生於對十年浩劫的憤怒，這種與詩情並不完全同質的政治性憤怒很大程度上劫持了北島：“我死的那年十歲……我將永遠處於/你所設計的陰影中……回憶如傷疤/我的一生在你腳下”（北島：《白日夢》）處於這種無法擺脫的夢魘，在特定的政治背景下朦朧詩只能以現代主義的抽象的人生、人性主題、和不落言筌的隱喻、暗示、象徵和意象來傾訴長期鬱積於胸的荒謬意識和對現實的抗議。從朦朧詩對現實的介入和主題切入視角看，可以得出以下結論：朦朧詩肇始於文革時期的創作，還只是因爲那帶有叛逆情緒的批判意識，礙於主流意識形態不屑於、不便於用“政治白話詩”的方式抒情、宣洩，而“從某些現代派作品中受到啓迪，走向暗示和象徵時，還是一種朦朧的追求，那麼，到了後來，他們以一種開放的眼光，從觀念到手法借鑒現代主義理論和作品，則是一種自覺的創造了。”[33]

其次，朦朧詩的批判性向現代詩移植，也與詩人“向內轉”的心路歷程有關。文學批判性主旨在頌歌式的體制文學包圍下，無疑處於弱勢地位。一旦詩人如同郭小川寫《望星空》或蔡其矯寫《霧中漢水》，抑或像郭路生寫《相信未來》那樣，詩人自由的心靈與強硬的政治話語產生抵牾，他們便會受到無情的責罰。在無處不在的意識形態籠罩下，朦朧詩爲尋求突圍的可能，必然

---

32 廖亦武主編：《沉淪的聖殿──中國 20 世紀 70 年代地下詩歌遺照》，第 262 頁，新疆青少年出版社 1999 年版。

33 劉登翰：《在重建傳統中走向世界──漫談大陸新詩潮和臺灣現代詩運動》，《台聲》，1986 年第 2 期。

會選擇一定的話語策略以求得生存之地。於是，詩從"別人"轉
向"自我"，從外部世界轉向內心世界，"摒棄對客觀事物作敍
述性的不經過詩人內心'發酵'的外在描摹，而確認詩人的內心
即一個'袖珍社會'，確認'每一個人都是一個世界'，並且把
這個曾經封閉的如今獲得解放的自由天地渲染得近乎極致。"34
與"向內轉"相適應，朦朧詩自覺遠離了長久以來極左思潮干預
下的藝術偏見，以詩的感知方式與把握現實的藝術方式，遠離只
強調寫實的描繪或浪漫的直抒一端。"在掙脫了這種禁錮之後，
詩的藝術思維很自然地向現代主義感知和把握藝術的方式那一端
移近。"35正是這從現實境遇出發對藝術表達方式的選擇，使新
詩潮不經意地走近了現代主義。批判性主旨獲得了現代主義的形
式後，當然也一定程度上引發了難執一詞的爭論。

　　再次，藝術發展的自身訴求也召喚具有變革性的文學進行新
的建構。謝冕先生在論述現代詩人的專文中，饒有深意地指出：
中國新詩從中國傳統詩歌的母體中分裂而出，其艱難里程和革命
性的訴求可以用一句話概括："告別古典，走向現代。"他認為：
"新詩從它誕生開始，就面臨著種種矛盾。它要使自己毫無羈絆
地成為現代新詩，但因襲的重負卻始終壓在身上。胡適講的'舊
詞調'的糾纏，恐怕還是歷史誘惑之中最輕的一面，傳統的士大
夫情趣，以及植根於農業社會廣深背景之中的農民文化意識的浸
蝕，恐怕是新詩現代化進程中最深層的危機。"36謝冕從文藝生
態角度提出了新詩發展過程中"深層危機"，深切地揭示了中國

---

34 謝冕：《斷裂與傾斜：蛻變期的投影》，《文學評論》，1985 年第 5 期。
35 劉登翰：《在重建傳統中走向世界——漫談大陸新詩潮和臺灣現代詩運
　　動》，《台聲》，1986 年第 2 期。
36 謝冕：《中國現代象徵詩第一人——論李金髮兼及他的詩歌影響》，《新
　　文學史料》（京），2001 年第 2 期 。

現代詩歌建設所面臨的障礙。中國現代詩歌的革命者試圖以現實主義和浪漫主義改變、擺脫古典陰雲，但終因古典文學中這兩種文學流派和創作方式最爲常見（它們構成了古典文學的基本形態），而形形色色的民族主義和古典影響的餘緒又阻撓著現代新文學向世界先進文藝潮流認同的現代思維和現代藝術實踐邁進。現代主義文學是誕生於現代工業文明基礎上的，中國新詩現代化的重任自然落到了它的肩上。現代詩的先驅者勇敢地將西方情調和異域的藝術方式引進到剛剛自立的新詩中來，從而開闢了一條與古典文化傳統也與農村文化傳統截然不同的路。這爲後人的再"嘗試"和"試驗"提供了可能，現代詩歷經數代人的努力，也確實成爲與現實主義、浪漫主義相並流的一支，並逐漸構成一種傳統。到了朦朧詩這一代，他們從文化專制中叛逆出來，借鑒現代詩歌藝術包括西方現代詩歌藝術，正是對傳統精神的發揚。這樣，新詩潮在傳統、現實與現代的三維關係中，使滲透著批判精神的詩歌煥發出現代品格，表現出一種富於現代感的人文批判精神。

第二章　批判性主旨與啓蒙價值

　　許多年來，朦朧詩在中國當代文學史上所走過的歷程和佔據的地位，並沒有得到充分關注和恰當評價。以往大陸文學史敍述中，朦朧詩被策略地限定在“反思”的範疇內，忽視其與特定的意識形態的“斷裂”與“異質”性，無疑削解了它的啓蒙價值。那種似是而非的文學定位，使學界對朦朧詩的切入有意無意地回避了它的“批判性”。在我看來，“反思”與“批判”，儘管在一定的語境中可以置換，但各自承擔的任務和功能是不同的：“反思”是對歷史的檢視與回顧，著眼於自身的衍變；而“批判”則有“他者”聲音存在，其功能指向是“啓蒙”和更新。因此，意識形態性的以“反思”替代“批判”的話語策略，其用意是以局部之“同”消解本質性的“異”，試圖達到暫時性的“和”的目的。但從學理上看，中國古代典籍《論語》、《左傳》、《國語》中，就已經講“和而不同”，就是說“和諧”、“調和”之“和”，不是無原則、無條件的，而是在講究是非曲直基礎上的和諧，不能爲“和”而“和”。因此，這裏的作爲敍事策略之“和”，其目標只能在歷史範疇或中國民主政治的未來進程中才能實現，而不是在 80 年代或當下的意識形態中能夠“和”的，也就是說，朦朧詩的“不同”或“異質”性，在當時乃至當下都具有思想價值，因而也具有啓示性。

　　從文學視閾看，與朦朧詩轟轟烈烈停留在一代人記憶中，及其在中國現代思想文化史上實際起到的現代性啓蒙的歷史功績相左，朦朧詩在中國文學史的敍述中卻往往被一筆帶過。這種尷尬，既與主流意識形態對朦朧詩的限定相適應，也與現代消費社會對詩的漠視與歧視有關。新世紀之初，"朦朧"的碎片已塵埃落定，"爭論"的喧囂也已悄然逝去，在 2000 年中國當代詩歌研討會上，當人們重新把眼光聚焦在朦朧詩在當代文學史上所處的地位時，學界終於對朦朧詩給出了比較符合實際的結論。評論家李陀認爲："新文學的發端不是傷痕文學，而是以朦朧詩意識形態爲萌芽。"與其有共識的詩評家徐敬亞也認爲：正是中國當代詩歌，確切講就是朦朧詩，喚起了新時期文學的黎明。[1] 這些評價，既是對歷史的正名，也是以理性把握了朦朧詩引發的文學史律動的燭見。我覺得惟有以這種新歷史主義批評的視角，才能擺脫文學研究中的超重負荷和"無明"心態，從而真正確立朦朧詩批判性的文學和文化價值。

一、主體自覺：時代承諾與"自我"確認

新詩潮伴隨著時代的激蕩，以及自身的心靈衍變，一批帶有叛逆傾向的青年詩人終於從極左意識形態話語中滑脫出來，開始建立主體自我的過程。對於經歷過聖殿沉淪、偶像垮塌、理想幻滅的一代人來說，他們深切感到人之最深悲劇莫過於"自我"的變異和喪失之痛了。因此，從郭路生開始，朦朧詩人的主體自我已逐漸甦醒，並且初步意識到他們將以對抗權威和暴戾現實的藝術抗議方式，而成爲荒謬時代的對立面。詩人宋海泉曾經在回顧、總結"白洋淀"詩群精神變遷時指認說："自郭路生開始，詩歌

---

1 參見 2001 年 2 月 14 日《中國文化報》。

作者們朦朧的自我意識開始覺醒，讀書活動對自身奴性及宗教情緒的批判，使這種朦朧的自我意識逐步自覺，最終使個體的人站起來，完成詩歌主體與價值的轉換：重建人的尊嚴，發揚人的個性，自己做自己的道德主人。不再背離自我的良知，不再做神或他人的精神的奴隸。這幾乎是當時所有讀書人共同關心的問題。"[2] 這種主體與價值的轉換到了北島爲代表的"今天"派，更豐富了主體的人格意味，從而成爲具有多重意義的"人"。

　　有關"主體"和、"主體性"，本是一個哲學命題。當代最早提出主體性問題的，不是文學界而是哲學界，李澤厚在撰寫於"文革"、出版於 1979 年的《批判哲學的批判——康德述評》[3] 專著中，就對"主體"、"主體性"問題作了初步探討，但似乎並沒有引起廣泛注意。至 1981 年紀念康德《純粹理性批判》出版 200 周年時，李澤厚發表《康德哲學與建立主體性論綱》專門論述主體性問題，引起了學術界濃厚興趣和廣泛關注。李澤厚在文中解釋"主體"和"主體性"作如是說："相對於整個物件世界，人類給自己建立了一套既感性具體擁有現實物質基礎（自然），又超生物族類、具有普遍必然性質（社會）的主體力量結構（能量和資訊）。馬克思說得好，動物與自然是沒有什麼主體與客體的區別的。它們爲同一個自然法則支配著。人類則不同，他通過漫長的歷史實踐終於全面地建立了一整套區別於自然界又可以作用於它們的超生物族類的主體性，這才是我所理解的人性。"[4] 顯然，在李澤厚看來，"主體性"就是一定意義上的"人

---

2 廖亦武主編《沉淪的聖殿——中國 20 世紀 70 年代地下詩歌遺照》，第 260 頁，新疆青少年出版社 1999 年版。
3 李澤厚《批判哲學的批判——康德述評》，第 288－291 頁，人民出版社 1979 年版。
4 李澤厚《康德哲學與建立主體性論綱》，見《論康德黑格爾哲學》，第 115

性", "主體"就是一定意義上的"人"。

李澤厚以主體性爲核心的思想自 70 年代末開始,至少活躍了十年,其影響波及學術界乃至整個知識階層,直到 80 年代後期才受到批判和挑戰。[5] 80 年代的歷史氛圍對於主體問題寄予超常的期待,"主體"概念究竟爲何如此神通?南帆從"八十年代的文化空間" 重組角度作出解釋:"經歷了六十年代、七十年代巨大的文化混亂,以'階級'爲核心範疇的鬥爭哲學終於逐漸耗盡了闡釋社會的能量;另一方面,經濟體制改革與市場啓動的後果仍然是一種海市蜃樓式的遠景。這個時候,重新設定歷史的座標成爲大批知識份子所熱衷的使命。"[6]因此,"主體"問題成爲時代性話語,幾乎具有必然性。"主體"和"主體性"問題對於朦朧詩來說同樣重要——它不僅從自身的歷史經驗中獲得了審視和觀照,而且從當時的理論話語中直接汲取了思想資源。

儘管今天看來,七、八十年代將"主體性"和"主體"問題限於"人性"和"人"的概念上,多少有點簡單化,也缺乏對"主體性"的歷史發展的動態把握,但如果考慮到當時的社會現實和文化語境,那麼它的針對性和啓蒙性仍然異常鮮明。以北島爲例,當他在《回答》中拉長聲調,高聲喊出:"我——不——相——信",以決絕的姿態宣告一代人主體意識的徹底覺醒,又在《宣告》中進而明確提出:"在沒有英雄的年代/我只想做一個人",詩的出發點已回到"人"的命題上。這裏的"人"和"人性",似乎有簡單、抽象之嫌,但由於其與時代的"共名"性質,讀者

頁,上海人民出版社 1981 年版。

5 參見杜書瀛《文學主體論的超越和局限》,《2001 中國年度文論選》,第89—93 頁,灕江出版社 2002 年版。

6 南帆:《八十年代於"主體問題"》,《當代作家評論》1998 年第 5 期第16—17 頁。

參與其中仍然使主體性的“人”血肉豐滿，抑或比主流話語中“階級”或“社會關係”之“人”更具有哲理意味。

　　“主體”的自立、自覺，標明朦朧詩人成功地實現了兩個“剝離”：一是從權威意識形態性的集體主義的“工農兵”概念中剝離出來，實現了“人”的主體自由和解放；二是從抒寫方式中剝離出來，即從體制文學的“用外在理性代替真實人生感受，拼命調和政治學與詩學的矛盾，把個人、自我完全化入歷史的詩歌”[7]模式中剝離出來。這兩個“剝離”對於權威意識形態是一種反叛和挑戰，而對於新時期文學來說卻是久旱甘霖。它的價值具有不同的精神指向，前者找回的是人的主體性（前面已有論述），而後者獲得的是文學的主體性。

　　“文學的主體性”，一定程度上可以看作是“人”的主體性的自然延伸，也是 20 世紀中國文藝學運行中順理成章的事情。“五四”前後，在社會啓蒙（包括思想的、文化的、政治的等）的大潮下，出現了現代意義上的“人”的覺醒和解放，隨之則有“文”的覺醒和解放，並開始有了文學主體性的萌芽。從“五四”時期提出的“人的文學”起，新文學中人道主義（通過文學爭得人的主體地位）這根線時隱時顯，卻從未斷絕，只是在極左路線專制下，文學中人的主體地位，才受到損害與中斷。[8]以至八十年代初，“文學主體性”竟以新鮮、陌生的命題，重新擺在人們的面前。何謂文學的主體性？劉再複曾經在長篇論文《論文學的主體性》集中闡發“文學中的主體性原則”：“就是要求在文學

7　王光明：《艱難的指向——“新詩潮”與二十世紀中國現代詩學》，第 101頁，時代文藝出版社 1993 年版。

8　參見杜書瀛《文學主體論的超越和局限》，《2001 中國年度文論選》，第95—96 頁，灕江出版社 2002 年版。

活動中不能僅僅把人（包括作家、描寫物件和讀者）看作客體，
而更尊重人的主體價值，發揮人的主體力量，在文學活動各個環
節中，恢復人的主體地位，以人為中心、為目的。"具體地說，
他的"文學主體"包括三個部分，即所謂"創造主體"（作家）、
"物件主體"（作品中的人物形象）和"接受主體"（讀者和批
評家），他還特別強調"創造主體"的實現，要求作家或詩人須
具有"超越意識"，即創作中的"超常性"、"超前性"和"超
我性"。9 從"文學主體性"視角評價朦朧詩在新時期文學流變
之意義，人們便不難發現：朦朧詩接續被"文革"中斷以久的"文
學主體性"歷史，提出"詩人應該通過作品建立一個自己的世
界，這是一個真誠而獨特的世界，正直的世界，正義和人性的世
界。" 10反映出朦朧詩人已找回了詩人和詩歌的"主體性"地
位，這比差不多同時成名的、卻仍流於"甜蜜而感傷"的傷痕文
學，其文學主體性價值與文學價值要高許多。因此，徐敬亞認為
是朦朧詩"喚起了新時期文學的黎明"，並非是文學性的修辭或
誇張。

那麼，當朦朧詩人吶喊"我是人/我需要愛"（北島：《結局
或開始》）的呼聲，是不是對五四時期"人"的問題的簡單重複
呢？表面上看，朦朧詩中"人的回歸"與"五四"時期提出的
"人的文學"有很多相似之處，但在我看來，這兩者之間只是精
神或出發點的"驚人相似"，而並不是一般意義上的重複或延
續，而是具有更豐富的時代內涵。"五四"時期，"人的文學"
主要針對的是周作人所謂"非人的文學"，即"安於非人的生

---

9 劉再複：《論文學的主體性》，《文學評論》1985 年第 6 期、1986 年第 1
  期。
10北島：見《上海文學》1980 年《百家詩會》。

活，所以對於非人的生活，感著滿足，又多帶著玩弄與挑撥的形跡”[11]的“非人道”、“反人道”的文學。故那個時期的詩歌主要是以狂飆突進的情感宣洩，企圖衝擊封建堡壘，從而爲個性解放和精神自由犁開通道。新詩潮卻更爲複雜，一方面，他們也關心“人”的問題，也在人道主義旗幟下反抗和吶喊，但另一方面，他們畢竟面對的是政治專制的壓迫，經歷過更爲矛盾、複雜的精神歷程：他們不僅僅是感到黑暗、壓抑，而且深深地獲得了一種具有現代意味的荒謬和“倒掛”經驗。因此，在郭路生之後的代表詩人那裏，不僅燃燒著反抗和詛咒的激情，而且深切地觸及現實的荒誕和自我變形，這在某種程度上便具有了與現代世界文學相通的藝術特質。以北島爲例，他的詩作就往往被賦予一種時代性荒誕色彩：

> 以太陽的名義
>
> 黑暗在公開地掠奪
>
> 沉默依然是東方的故事
>
> 人民在古老的壁畫上
>
> 默默地永生
>
> 默默地死去

　　　　——北島：《結局或開始》

　　北島的表達很清楚：在一個“黑暗”與“太陽”可以相互置換的年代，精神“掠奪”已成爲經久不衰的“東方故事”，而創造歷史的“人民”，他們的思想、情感和苦難，卻只能凝固在壁畫上，在口號中“永生”，在現實中“死去”。這種看透世情真相的荒誕感，不僅顯示詩人閱盡滄桑的參悟性，而且確實飽含著

---

11 周作人：《人的文學》，《新青年》第五卷第 6 號（1918 年 12 月 25 日）。

涼及骨髓的現代意味。

　　當然，朦朧詩畢竟與西方現代主義詩歌又有區別，其差異主要幾乎是由文化傳統和文化語境先天性地決定的。“西方現代主義表現出來的荒謬感，既把客體世界看成是荒謬的，同時也認定了主體世界的荒謬性；而新詩潮在主體問題上恰恰是肯定的，他們最終不是把人們引向艾略特的《荒原》，或是貝克特和尤奈斯庫的荒誕世界中去，而是企圖與重建人的尊嚴和理想探索走出困境的道路。”[12] 後一個任務最終是由後新詩潮完成的，朦朧詩則固守著人文主義式的意義尋求和理想激情。

　　當人的主體性與文學的主體性日趨明確，朦朧詩人便開始了主體性的文化/文學建構。很顯然，這裏的帶有文化意涵的“主體性”，在朦朧詩中具體地表現爲詩歌中的“自我”或詩人形象問題。馬克思指出：“人不僅像在意識中那樣理智地複現自己，而且能動地、現實地複現自己，從而在他所創造的世界中直觀自身。”[13] 事實也是如此，朦朧詩人在成長與探索過程中，正是在“複現”、“直觀”自身中，逐漸確立了自己的“自我”意象（身份與角色）、精神個性、價值系統和抒寫方式。以此切入，我們或許對朦朧詩的諸多命題會有一個更深入的把握。

　　首先，“邊緣人”的社會角色體認。在西方詩人譜系中，有所謂“桂冠詩人”與“民間詩人”之別，前者系出宮殿，謳唱的是頌歌、讚歌，後者則多來自民間，屬行吟詩人一脈，他們抒發的是怨曲、哀曲，有的則順延、發展而爲反叛性的政治詩人。朦朧詩從自身的感知經驗，以及大量閱讀西方現代詩歌、文學作品

---

12 王光明：《艱難的指向——“新詩潮”與二十世紀中國現代詩學》，第 102
　　頁，時代文藝出版社 1993 年版。
13 《馬克思恩格斯全集》，第 42 卷 22 頁。

過程中，已基本確認了自己屬於後者即民間詩人一族，並戲謔性地自指爲“邊緣人”。這個“邊緣人”，其指認具有多重意味：從歷史角度看，朦朧詩人絕大多數作爲農村“插隊知青”或城市“漂浮階層”，他們“沒有單位、身處異鄉、非工非農的邊緣人物，家裏大小入獄的入獄，發配的發配，才有可能在群眾專政無遠弗屆的大網中覓得少許空隙，冒大風險偷聽被政府嚴禁的‘反動黃色音樂’，就是說，莫札特、貝多芬的音樂。”[14] 他們普遍感到被社會拋棄和懸置的痛苦和惆悵，一種強烈的幻滅感和對前途的渺茫，對於家園的眷戀，固執地纏繞著已經破碎的理想。這種被放逐的邊緣性處境，在一部分詩人滋生出憤怒和反叛情緒，在另一部分詩人那裏則逆反地衍變爲追逐童話世界的詩情。理性的認知和情感的滲入，更加劇了“邊緣人”的自我意象；從社會角度看，朦朧詩從“文革”中帶著傷痕走來，他們的“身份/也變得十分可疑”（北島），他們放浪不羈的生存狀態，如“白洋淀”時期“以詩結伴”的知青集合地生活，“形跡可疑”的傳抄、朗誦詩歌生涯，以及“今天”派時期的“地下文學活動”等等，都一無例外地被權力階層和世俗社會誤指爲“邊緣人”，而到了朦朧詩浮出以後，在知識階層眼中，“我們這代詩人與古代或前輩詩人已經很不一樣了：一方面，寫作帶有工作和專業性質，但在另一方面，他又不屬行業化的專家知識份子或‘普遍性’的知識份子，於是不僅在社會階層中，而且在知識份子中，都是‘邊緣人’”[15] 於是詩人被指認爲“詞語造成的人”或“詞語造成的亡靈”，兼有影子作者、前讀者、批評家、理想主義者等多重角

---

14 廖亦武主編《沉淪的聖殿——中國 20 世紀 70 年代地下詩歌遺照》，第 206 頁，新疆青少年出版社 1999 年版。
15 歐陽江河：《誰區誰留》，湖南文藝出版社，1997 年 8 月版。

色。這種狀況形成寫作中的症候、壓力、歧義和異己力量，在知識階層群體中也具有“邊緣性”（它們構成了後期朦朧詩創造力的主要成分）。或許還可以從藝術角度考察，朦朧詩始終堅持以民間社會的良知與藝術立場，展開自己的藝術創造，與正統的體制性文學創作相悖，也具有邊緣性質。

換一個視角評價其意義，“新詩潮可以說是當代中國第一個自覺認定自己的邊緣地位並悲壯地爭取邊緣話語權力的詩歌流派。無論是思想的獨立，經濟上的自力或面向民間社會，或是藝術品格和文化精神的始終堅持，都具有真正的邊緣性。”16 正是這種自恰、自足的“邊緣性”，使朦朧詩人擺脫了郭小川式的傳統知識份子詩人，或左右兩擺的“犬儒”式“文人”的宿命，提供了當代文學有價值的“主體性”尋求。

其次，“自我”——主體生命之真尋求。漢語詩歌的個人化，與西方擺脫彼岸束縛，肯定個體價值的現世完成的個人觀念不同，中國現代思想史上的個人觀念誕生於近代的“國民”觀念，至“五四”始有“個人本位主義”的主張。郁達夫在《中國新文學大系·散文二集·導言》中指出：“五四運動的最大成功，第一要算是‘個人’的發見。”高度評價了“五四”對於催生出“個人”的意義。但正如周策縱先生指出的那樣，現代思想史上的個人觀念“在對於個人價值和獨立判斷的重視的同時，個人對於國家和社會的責任也同時被強調了。”17 其結果是，“這使得個人觀念在現代中國僅僅成為現代民族/國家（nation-state）重建

16 王光明：《艱難的指向——“新詩潮”與二十世紀中國現代詩學》，第 103 頁，時代文藝出版社 1993 年版。
17 周策縱：《五四運動：現代中國的思想革命》，第 492 頁，江蘇人民出版社 1997 年版。

目標中，只是人與人、人與社會締結新的關係和價值實現的方式
而已，幾乎不涉及人對自身的認識。"[18] 由此可見，中國現代個
人觀念與西方強調的感性表達的個體觀念不同，它所致力的始終
是個人的"倫理理性"力量。因此，當社會性倫理力量無限擴張
之後，個人的表達也就被"國家"、"集體"的話語所吞沒，"個
人"已不復存在。事實上，在"文革"中，當一些野心家頻繁使
用"人民"概念胡作非爲的時候，真正的由個人依託的"人民"
卻失去了發言的權利。

　　新詩潮已意識到了這個內在矛盾，他們在詩歌中明確地把具
體的"個人"從"國家"、"集體"、"人民"等籠統概念中分
離出來，還"個人"以話語權力。具體表現爲，朦朧詩拒絕用"我
們"的口吻表達，而是公開使用"我"證明自我的存在和熱力。
在這個"裂變"過程中，個人化的"自我"因各自的才性、意識、
審美的差異會呈現出鮮明特色，如顧城與北島、舒婷、江河的"自
我"相比，就有著質的不同：北島的"自我"實質上是"人"的
自我，這個"自我"是大寫的"人"的代稱，是悲劇性"英雄"
的代言，而顧城的"自我"從本質上說只代表他自己："哪怕變
成一隻昆蟲，我也要找到自己的聲音，說自己的話。"並且顧城
的"自我"意識，由於個人的生命曲線與時代脈搏在某一點上的
諧振，還分裂出多元的"自我"，如自然的"自我"、文化的"自
我"、反文化的"自我"和最終無目的的"自我"。[19] 建立在主
體生命意義上的"自我"的藝術實踐和文化建構，是朦朧詩對於

---

18 趙尋：《論批判性個人化與穆旦對當下詩歌的意義》，《詩探索》2000 年
　　第 1—2 輯，第 210 頁。
19 參見張捷鴻：《童話的天真——論顧城的詩歌創作》，《當代作家評論》
　　1999 年第 1 期，第 76—77 頁。

中國當代文學的重大貢獻之一，它把被歷史模糊了的個人意義和
價值，重新凸現出來，確認生命的個人形式及意義，同時從精神
指向和藝術要求出發，不斷超越個人的局限性，從而把個人的感
受和意識上升爲時代和存在的洞見，上升爲精神重建的追求。[20]

　　再次，與歷史暴力對抗的“英雄”意識。在西方詩歌史上，
浪漫主義詩人，無論是雪萊、雨果或拜倫，一般都把自己看成一
個英雄──普魯米修斯或赫丘力斯的繼承人，雖然社會或習俗拋
棄他們，詩人仍然相信自己是爲上帝所選擇的人物，使其獲悉並
充滿靈感的力量。詩人甚至還履行預言家或政治家的職責，相信
自己是一個目標始終的人物。到了象徵主義，儘管波特賴爾作爲
一個複雜的人，有其含混性，但畢竟還是一個有著超驗目標的詩
人，在某種程度上也是一個自封的英雄。韓波則認爲：“詩人真
正是個竊火者……詩人將會對他的時代的普遍靈魂中的賦予不可
知的覺醒定量。”[21] 瑪拉美也同樣認爲，詩人要從空白中創造出
一個世界，爲自己樹立了極其遠大的目標。總的來說，象徵主義
詩人雖然對於自我的認識和評價在有些方面不同於浪漫主義詩
人，但在基本精神上還是一種繼承的關係。一般認爲，朦朧詩從
西方現代主義的早期流派學習、借鑒較多，無論知識譜系、詩歌
技藝，還是精神聯繫，都從象徵主義一脈獲得過豐富滋養。那種
“英雄”意識，也因現實苦難賦予詩人以使命感的特殊語境，而
獲得了潛意識的移植。

　　詩的常識性問題是，社會性的現實感與責任感必須邁向身世
感的心靈化，必須使抒情主人公成爲獨立自足的審美主體並閃爍

20　王光明：《艱難的指向──“新詩潮”與二十世紀中國現代詩學》，第 103
　　頁，時代文藝出版社 1993 年版。
21　轉引自裘小龍：《現代主義的繆斯》，第 281 頁，上海文藝出版社 1989 年版。

人格的光輝，從而在藝術中認證自己和完善自己。這時，與歷史暴力向抗衡的理想人格——英雄，以"角鬥士"、"叛逆者"、"反抗者"或"政治詩人"等不同面具，鐫刻在自我意象的"紀念碑"上。朦朧詩人中最優秀的詩人，如北島、多多、楊煉、江河、舒婷，乃至顧城等，都有這種"英雄"主題的指涉。而在北島那裏，這種英雄意識尤其顯示出悲壯意義，甚至還從更深刻意義上展示出朦朧詩人悖論性命題的內在邏輯性，如《結局或開始》這首詩，其中心是英雄人格，但這是反英雄之後的英雄人格，而非傳統意義上的英雄。反英雄是 20 世紀一個重要的人文思潮，一般認爲是從美國海明威開始的，其核心內容是：否定英雄的價值，而肯定人的價值，但是在歷史中需要有人放棄個人，承擔歷史責任，這就構成個人和歷史責任的衝突。北島也揭示了這種境遇："必須承認/在死亡白色的寒光中/我，戰慄了/誰願意作隕石/或受難者冰冷的塑像/看著不熄的青春之火/在別人手裏傳遞"，但矛盾在於："人"不只是活著，還有作爲"人"的內容和訴求，沒有尊嚴、自由、權利和愛，"人"就變成了奴隸或動物；"我"如果不屈服，那麼只有參與歷史，改變現實，並不惜以生命爲代價，而這正是英雄所爲，於是詩歌的思維向度又深化爲另一個命題："在沒有人的年代，我只能做一個英雄"，也就是詩中所言："這普普通通的願望/如今成了做人的全部代價"。這樣，從英雄——反英雄——英雄，經過這麼一個迴圈，英雄被賦予了全新的意義，也散發出更爲強大的人格力量。

二、功能強化：批判主題與啓蒙價值

在緒論"批判性主旨與現代詩建構"一節，我從社會學、文化生態學角度，考察了朦朧詩"批判性主旨"的詩學建構，指出它在當時的意識形態中具有"異端"色彩。這個視角，使我們從外部關係中分離出朦朧詩"思"的獨異性，確認朦朧詩的主題生發和功能。這裏，我們將借鑒結構主義分析方法，從個人化"自我"生長的"內驅力"，以及它與時代構成的關係中，解讀朦朧詩批判主題的意義模式，並指認其多個層面上的啓蒙性。

隨著新詩潮 70 年代"地下詩歌"被日漸發掘、考證和研究，我們已知道：朦朧詩大多寫於 20 世紀 70 年代早、中期和 80 年代初期。此時，詩人以民間寫作的獨特方式，自覺置身於社會邊緣立場，堅持以個人的感情世界爲視角，表達與社會的尖銳對立。在這種關係中，詩人通過引入光明與黑暗、歷史的罪惡與一代人的"雕像"這樣的二元對立思維模式，爲自己爭得了獨立的批判立場，爲自己的痛苦、抗爭和夢想注入了新的意義。可以認爲，朦朧詩的重要作品，實際上就是通過引入某些意義模式而建立的，並且這種意義模式一定程度上業已構成當代詩歌的傳統，爲後來的詩歌寫作呈現了多種可能性。

另一個問題是，朦朧詩的批判性，是何以獲得啓蒙價值的？法蘭克福學派的批判經驗告訴我們，批判本身並不一定構成啓蒙性，相反可能因對意義的消解而導致思想的"懸空"。只有在批判中爲現實提供新的理論設計，其批判才會引起現實的反思和改變，批判也才會有一個獨立的立場，從而使抽象的啓蒙衝動轉化爲具體的主義實施。抑或說，獲得啓蒙價值的前提，首先是致力於知識、思想和價值的構建，並且確立獨立的批判立場。

長期以來，"獨立的批判立場"，一直被認爲是五四啓蒙話語和現代知識份子的人文品格，但什麼是"獨立的批判立場"？批評界卻鮮有深究。吳炫在《中國當代思想批判》一書中認爲："針對那種'獨立批判'就是魯迅式的批判，'獨立批判'就是與主流意識形態保持審視的張力，‘獨立的批判’就是反傳統等誤解，本文認爲‘獨立的批判立場’必須建立在自己的思想和世界觀之上，然後才能對社會進行獨特的發言。因此‘獨立的批判’不是知識份子群體性的，而是個體性的。‘獨立的批判立場’可能不是依附於既定思想的知識份子可以承擔的。”[22] 吳炫這個觀點大致表達了“獨立的批判立場”的意涵，這裏沒有異議。但是，考慮到朦朧詩作爲一個流派概念，其群體性和個人性有著相互交融、滲透的特點和複雜性，那麼它的“獨立批判立場”仍然可能在各自抒發中，有著大致相同的價值取向。借用西方文學意義上神聖的“克里斯瑪”特質（Charima）對精神構型的解釋，一種精神或“立場”都不是單一的，而是一個多面體，有著多層次與多側面的複雜內涵，朦朧詩派的“獨立批判立場”實際上也是這種多元、自主、自由、獨立的自我“合一”，有一定的“共名性”。

在我看來，朦朧詩的功能指向，是在以理性精神爲特徵，在二元對立的思維中引入意義模式，從而實現自己的啓蒙價值的。康德在《什麼是啓蒙？》中，將啓蒙定義爲：人類運用自己的理性而不臣服于任何權威，它給啓蒙擬定的座右銘就是“敢於認識！堅信自己的理性”。可見，人文意義的啓蒙，是以理性精神爲條件的。恩格斯在《反杜林論》中又說：“在法國行將到來的革命啓發過人們頭腦的那些偉大人物，本身都是非常革命的。他們不承認任何外界的權威，不管這種權威是什麼樣的。宗教、自然觀、社會、國家制度，一切都受到了最無情的批判；一切都必須在理性的法庭面前爲自己的存在作辯護或者放棄自己的權利。思維著的悟性成了衡量一切的唯一尺度。”[23] 他指明啓蒙本質上

---

22 吳炫：《中國當代思想批判》，第 4 頁，學林出版社 2001 年版。
23 轉引自姜義華：《理性缺位的啓蒙》，第 3 頁，上海三聯書店出版社 2000 年版。

還是思維方式的一場歷史性革命。由此觀照朦朧詩，它以撤除霧障和除妖祛魅爲使命，建立自己的"理性法庭"，並致力於建構理性思維模式，其啓蒙意義是十分明顯的。這裏，將從朦朧詩的二元對立的思維切入，把握其理性與批判精神特徵，分析其意義模式和啓蒙價值。

首先，是在"權威中心"/民間話語二元對立模式中，注入"科學與民主"主題。謝冕先生在對中國詩歌的世紀回望時，曾經有一個高度概括性的結論："在那些艱難的歲月裏，中國人在思考如何拯救民族危亡這一生死存亡的大事的時候，與之幾乎同時的，也在思考詩和整個文學的變革的大略。這雖是兩個不同層面的思考，但卻非常緊密地、互爲因果地聯繫在一起……它有文學和詩的原因，但現實因素的激發和促動，卻是最直接的、甚至也是最重要的。"24 確實如此，詩歌與現實，特別是與政治關係之緊密幾乎可以說是"情結"性的。新詩潮從"文革"的夢魘中醒來，對那個荒誕、恐怖的年代有著切膚之痛：

> 彷彿回到風雪飄搖的年代
> 彷彿寒冷和死寂沒有盡頭
> 人的腿是爲站立而行走的
> 卻被繩索和鐵鏈牢牢捆住
> 被罪惡的手鞭笞著
> 拖進戰爭、流血和笨重的勞動
> 喪失了文明的尊嚴
> 喪失了生存的權利
>
> ——江河《葬禮》

---

24 謝冕：《告別 20 世紀——在大連詩歌研討會上的發言》，《當代作家評論》2001 年第 2 期。

　　這是一個充滿不安和憂患的詩魂：爲了尋找太陽、文明和尊嚴，一代人乃至全民族都被捲入了瘋狂的季節。可是，肉體和精神的自戕，並不能給飽受憂患的民族靈魂注入活力，只有直面慘澹人生，展開靈魂救贖，才能於"此在"世界探詢現世的靈魂與狀態。在這個精神"平臺"上，朦朧詩開始從宗教神學的思想禁錮中解放出來，展開了與"權威中心"相背對的"反思"。

　　中國現代歷史的關鍵字非"政治"莫屬，政治化運作構成了整個時代的波峰浪谷。政治對文學造成的強烈"擠壓"，使文學主流處於時代性主題的顯性操作狀態，並在政治化要求中遭受著政治性改扮，這種情形主要是指"體制文學"一類；也應該看到，政治性"擠壓"還分裂出文學的"另類"，即以對抗體制話語和文學爲特徵的的非主流民間性寫作，在嚴峻的氛圍中，它可能以"地下文學"或潛在寫作形態存在。後朦朧詩詩人代表于堅在《當代詩歌的民間傳統》論文中，以詩人的身份體認說："民間不是地下，當那些'地下'由於意識形態的轉變而進入主流之際，民間依然存在。'地下'並不是民間，它只是民間在特定的時代的一個被迫的姿態。在我看來，地下與官方的區別，主要是意識形態的對立，而不主要是寫作方式的對立，而是'寫什麼'（講真話與講假話）的對立，雖然看起來，兩者的詩歌辭彙表可能很不相同，但在那樣的年代裏，詩歌並沒有它獨立的價值，它只是一種對強制的意識形態的分行式的憤怒或巴結。"25 于堅將"民間"與"地下"區分開來，進行形質之辨，顯示了他的深刻、獨見性，但從政治與文學的關係看，"地下文學"如果表達了民間話語，傳遞了民間的願望或聲音，那麼"地下文學"就一定不能

---

25 于堅：《當代詩歌的民間傳統》，《山花》2001 年第 8 期。

襲得“民間性”嗎？于堅以為“民間依附的只是生活世界，只是經驗、常識，只是那種你必須相依為命的東西，故鄉、大地、生命、在場、人生”固然不錯，但在這種經驗或常識中，也會被植入意識形態內容，甚至進入民族性的集體無意識中，“文革”時期就是一個典型的例子。在我看來，新詩潮在政治的擠壓下，確實曾經以“地下詩歌”的形態的存在，但同時也是政治運作中裂變出來的對立面——“民間詩壇”，並且由此建構了自己意義模式。

　　“黑夜給了我黑色的眼睛/我卻用它尋找光明”（顧城：《一代人》）這裏，“黑夜”與“光明”構成的對立關係，意味著朦朧詩以創造新穎的文學形式，從此岸“黑暗”的時代走向彼岸的“光明”。在朦朧詩人那裏，“對立”構成了壓力，也構成了追尋意義的動力。朦朧詩的批判主題，正是在與“權威中心”的意識形態對立中找到了價值立場。他們批判任何外在的權威、現成的經典、流行的偏見，並對既存的宗教、自然觀、社會、國家制度以及從前毫無置疑的種種觀念信仰，一一重新加以審視、檢查、詰難、辯駁、求證，以確定所有這些物件歷史存在的合法性基礎，它們的真理性、有效性以及發展變化的可能性。這種理性態度和批判立場，在朦朧詩從民間匯入新時期文學主潮之後，研究者很容易找到它與“五四”思想啟蒙的共同之處：“如果說，新時期文學一開始就引起我們對‘五四’文學的聯想，那首先是因為這兩者都透露著一個歷史轉型期所特有的強烈的啟蒙意識。‘五四’時期面對的是蠕行數千年的封建蒙昧主義，亮出的是‘科學與民主’的大旗；新時期面對的是強施橫暴的‘四人幫’，是以極左手段推行的封建禁錮主義，亮出的則是‘實踐是檢驗真理的唯一標準’的旗號，其實質自然包含了對反科學、反民主的‘權

威中心'的自覺挑戰。"[26] 原來的具有民間話語性質的朦朧詩，
在新時期順應了主流話語建設的需要，當然與尚未適應時代變遷
的體制文學比較具有"先鋒性"，構成了"新啓蒙"的意義和命
名。

其次，是在宗教神學/人的覺醒二元對立模式中，注入"自由
精神文化"主題。洪子誠曾在《中國當代文學史》中對"新時期
意識"概念作過提示："70 年代末到 80 年代初廣泛存在於社會
各階層的'新時期'意識，其核心是以'科學、民主'爲內容的
對於'現代化'的熱切渴望。這種意識表現爲兩個主要層面，一
是在與過去年代（'文革'）的決裂和對比中，來確定未來道路，
另一則主要是反觀'歷史'作出的發問和思考。"[27] 而"新時期
意識"並非從天而降，它的確立是以破除迷信、走出蒙昧主義爲
基本前提的。在這個 M・韋伯所謂"脫魅化"過程中，新詩潮曾
把"個人化"作爲最有力的利器，其旨在進一步解放感性，質疑
與探究個人理性力量的努力。我們知道，在西方文藝復興運動所
造成的理性覺醒和解放狀況中，"個人"觀念指陳著個人不可替
代，須重獲價值與尊嚴，亦即人本身作爲目的之存在（康德），
包括人的平等、自由等等。新詩潮很大程度上接受了西方人本主
義觀念，"白洋淀"詩人彭剛曾指認："說到底，我們的'先鋒
派'就是崇拜西方，不單是崇拜西方的文學藝術，而且是崇拜西
方的解放。個性解放，在中國找不到。你看古詩，那麼講究，那
麼死板，甚至李白的詩，也平平仄仄、仄仄平平，你感覺不到自
由。"[28] 詩人的話有些絕對，但他確認了"自由精神"是朦朧詩

---

26 陳美蘭：《"文學新時期"的意義》，《文學評論》1994 年第 6 期。
27 洪子誠：《中國當代文學史》第 225 頁，北京大學出版社 1999 年版。
28 廖亦武主編《沉淪的聖殿——中國 20 世紀 70 年代地下詩歌遺照》，第 190

的"母胎"。

　　在中國傳統文化裏，個人的自由一向是特別匱乏的。與道德本體主義相聯繫，傳統的占支配地位的思維方式，儘管也不乏批評、闕疑的精神，但從根本上來說，它是信奉、屈從乃至迷信各種權威、聖賢、經典、傳統與習慣的，缺乏自由和獨立的批判精神。"在中國啓蒙運動中，啓蒙思想家們猛烈抨擊了中國傳統的權威——孔子、孟子、老子、朱熹，對儒家經典、綱常倫理曾大加撻伐；但是，他們所做的只是以達爾文、盧梭、史達林取代了孔子、孟子、老子、朱熹，以《天演論》、《民約論》、《列寧主義問題》、《聯共（布）歷史簡明教程》取代了《四書》、《五經》，這就是以對新權威的迷信和盲從取代了對舊權威的迷信與盲從，以新的信仰主義取代了舊的信仰主義。'惟上智下愚不移'的等級性思維這一根深蒂固的傳統也延續了下來。"[29] 新詩潮洞察到宗教神學給民族帶來的災難，"他們看到了原先尊重科學文化和'溫柔敦厚'的民族性，竟變態爲瘋狂一時的兇殘、貪婪、無知和愚昧；看到了對神的崇拜並沒有產生神的理性，竟變成了橫掃和打倒一切的魔性；看到了'以和爲貴'誠實善良的傳統文明美德，竟被相互撒謊、猜忌以及'臺上握手、台下踢腳'式的爭鬥所替代並成爲流風。"[30] 這種非理性的民族瘋狂，使詩人從"曾正步走過廣場"高喊著"萬歲"的歷史中甦醒過來，在北島的詩中被表達爲："我不得不和歷史作戰/並用刀子與偶像們/結成眷屬，倒不是爲了應付/那從蠅眼中分裂的世界"（北島：《履

頁，新疆青少年出版社 1999 年版。

29 姜義華：《理性缺位的啓蒙》，第 7 頁，上海三聯書店出版社 2000 年版。

30 廖亦武主編《沉淪的聖殿——中國 20 世紀 70 年代地下詩歌遺照》，第 294　頁，新疆青少年出版社 1999 年版。

歷》）這種二元對立的結果，必然催生出獨立的思想，重新獲得從偶像崇拜的桎梏中解脫出來的清新和自由空氣。

這種"分裂"出來的自由意識，一定程度上建立和恢復了中國傳統中作為"士"階層的知識份子潛在的自由精神文化，其意義不可低估。在這個精神空間，領袖們、精英們不再是睿智者、教育者、灌輸者的代名詞，而"凡夫俗子"的個人也不再是受教育者、被灌輸者、服從者、行動者的另一種命名。與此相應，它還同時拆解了只承認思想與認知一種方式，而不能容忍思想與認知的多元性、豐富性、多樣性、多層次性的思維模式。當然這種自由，也完全有可能導致話語　"私人化"的公共性危機。

其三，是在封建專制文化/現代文明意識二元模式對立中，植入"啟蒙的現代性"主題。李澤厚曾在《啟蒙與救亡的雙重變奏》論文中指出：建國以後，在破除了某些沿襲千百年之久的陳規陋習的同時，"當以社會發展史的必然規律和馬克思主義的集體主義的世界觀和行為規約來取代傳統的舊意識形態時，封建主義的'集體主義'卻又已經在改頭換面地悄悄地開始滲入。否定差異泯滅個性的平均主義、許可權不清一切都管的家長制、發號施令惟我獨尊的'一言堂'、嚴格注意尊卑次序的等級制、對現代科技教育的忽視和低估、對西方資本主義文化的排拒，隨著這場'實質上是農民革命'的巨大勝利，在馬克思主義的社會主義或無產階級集體主義名義下，被自覺不自覺地在整個社會以及知識者中延漫開來，統治了人們的生活和意識。"[31] 文學和詩歌對於文化專制具有抗拒的本能，當"人的發現"、"人的覺醒"、"人的哲學"的成為現實之後，"五四"反封建的諸多命題再一次被擺

---

31 李澤厚：《啟蒙與救亡的雙重變奏》，見《中國現代思想史論》，東方出版社 1987 年版。

上臺面，並在對它的解構過程中，建立了以現代科學民主意識為核心，爭取個性發展與民族發展為基本內容的現代性主題。

與反專制文化相適應，以朦朧詩為代表的新時期文學開始了"啟蒙的現代性"的重建。西方的"現代性"，正如李歐梵在它著名的論文《中國現代文學中的現代主義》裏指出的，是指"進化與前進的觀念，實證主義對歷史前進運動的信心，以為科技可以造福人類的信仰，以及廣義的人文主義架構中的自由與民主的理想。"這些在西方後現代主義作家筆下往往以嘲弄口吻提及的觀念，在中國新文學運動的建設者面前，卻是十分嚴肅而現實的命題。從 70 年代末到 80 年代中期，朦朧詩中奔湧突進的人道主義等主題，就是這種"啟蒙的現代性"重建的一個突出表現。"這種'啟蒙的現代性'重建，又一次使西方從文藝復興到啟蒙運動的思想文化潮流，成了 20 世紀中國文學在新的文學階段上的現代化追求的思想文化資源，西方現代化所創造的某些普遍的價值原則，在中國文學中，又一次得到了歷史的確認。"[32] 這種"啟蒙的現代性"在朦朧詩在兩個層面上得到展開：其一是思想、意識層面，反映為告別黑暗與荒謬的歷史，對現代化寄予一種理想主義式的憧憬；其二是藝術、審美層面，表現為走出大眾話語指向的藝術方式，對接現代主義詩潮。

歷史地看，朦朧詩的"啟蒙的現代性"，是在前階段極度張揚的"批判性"之後自然轉向的新視閾。與人的意識和詩的意識的覺醒相伴隨，朦朧詩的批判性主旨也從政治批判、社會批判邏輯性地指向了文化主題層面，從而進入了對封建文化專制制度與文化思想體系的批判與否定中。這種思想穿透的動因，自然與朦

---

32 于可訓：《中國當代文學的現代性問題論綱》，《福建論壇》（人文社科版）2001 年第 1 期，第 63 頁。

朧詩的話語啓動有關，還與時代性的"反思"深化不無關涉。以
顧城爲例，當他與社會與政治進行了短暫接觸以後，他的"自我"
意識就飛升到了這樣的文化空間："這個我就像《紅樓夢》中的
賈寶玉走出了賈府的'大我'，又與癩頭和尚和瘋跛道士，即與
一個數量變小的'我們'合位一體。這個'我'用反文化的方式
來對抗文化對我的統治，對抗世界。"[33] 這個時期他的詩作有一
種破壞"自我"破壞世界的傾向，顯示出他這個"任性的孩子"
破壞性的一面。那麼朦朧詩人"破壞"的物件是什麼呢？在我看
來，正是那種窒息、壓抑"人"的封建專制文化。北島的思考就
進入了這個更深的文化層面，他在《同謀》詩中寫道："我們不
是無辜的/早已和鏡子中的歷史成爲同謀"，在自省中揭示了普遍
的集體無意識的力量。詩人還認爲，這種包含了封建文化內容的
集體無意識，是一種深藏不露的秘密，只有"馱著沉重的秘密，
爬出門檻"（北島：《古寺》），才能走向民族的自新和"復活"。
舒婷的《神女峰》建構於她所企求的理想人性基礎上，因此對
"神"的否定反過來加高了"人"的高度，詩歌通過觀照一個飄
渺的神仙故事，實質上卻是對傳統女性觀念的叛逆和唾棄，以及
對現代女性意識的伸張和肯定。

　　當然我們也看到，朦朧詩的"啓蒙的現代性"與它的"批判
性"相比多少顯得"朦朧"，其主因是這些現代性的形成、生長和
發育，是建立在"文革"後的現代化"想像性特徵"上的，呈現出
多層重迭、歧義多向的價值取向。這種情形，是特定歷史時段的新
時期文學所無法避免的，朦朧詩也難以超越時代話語的"鴻溝"。

---

33 張穗子：《無目的的我》，見《顧城全集》。

三、話語變異：批判失語與 "朦朧" 指徵

　　新詩潮登壇之後，在社會閱讀中一直被習慣性地指稱爲 "朦朧詩" ，個中意味極其深長。當初，有關朦朧詩的社會性爭論 "焦點" 是置於 "懂" 與 "不懂" 問題上的，例如 1980 年 7 月 8 日《北京日報》發表《且說 "誰也不懂" 之類》一文，說這些詩 "令人丈二和尚摸不著頭腦" ；1980 年 12 月 10 日《天津日報》發表《朦朧的美與思辨的詩》，認爲 "如果思辨的詩朦朧又晦澀，那就不僅不會有感染力，而且讓人望而生畏。" 1980 年 12 月 18 日《雲南日報》發表的一篇文章也說： "讓人不懂的晦澀詩或很朦朧的詩，是脫離人民脫離生活的，是以藝術上的古怪來掩蓋思想上的空虛和生活上的貧乏" 陝西《人文》雜誌 1981 年第 6 期的一篇文章說： "朦朧詩的出現，是 '四人幫' 毒氣在詩壇上的一種折光，是思想解放潮流中的一個倒轉的漩渦，是新生嬰身上一個可惡的膿包。" 還有人寫文章說朦朧詩是 "張天師的符咒" ，看來看去漆黑一片，無所謂詩美可言， "最好的辦法就是不看" 。但也有看懂、叫好者，如謝冕稱讚朦朧詩是 "新的崛起" ，代表了詩歌的出路和未來的希望。他於 1980 年 5 月 7 日發表在《光明日報》上的《在新的崛起面前》一文中，指出 "我們讀得不很懂的詩，未必就是壞詩。" 他毫不隱諱地說：這些青年朦朧詩人是詩壇的衝擊力量，希望就在這批青年人身上。徐敬亞發表《崛起的詩群》反駁了所謂的 "看不懂" ，他指出： "懂" 與 "不懂" 是相對的，表面懂了未必真懂，暫時不懂的以後會懂，接觸少而不懂的接觸多了可以懂，一部分人不懂的另一部分人懂。青年人認爲京劇不好懂，山裏農民覺得交響樂不好懂。交響樂和京劇並不因爲一部分人不懂就失去價值。爲什麼對朦朧詩就這樣不能忍

受，必欲消滅之呢？[34] 在當年有關朦朧詩的論爭中，"懂"與
"不懂"問題成了對壘的"擂臺"，卻因時代性誤讀難免掩蓋了
"朦朧"背後深藏不露的"玄機"。

朦朧詩"懂"與"不懂"之爭，似乎是審美問題，但一定程
度上卻是批判性主旨的表達問題。歸結到"語言"問題上，即所
謂"所指"與"能指"、言語與功能之間發生了斷裂，因而覆蓋
了話語的本質，造成了歧義性閱讀。在我看來，朦朧詩閱讀中文
本與讀者之間構成的"間離"，表層地看，是由於詩人運用現代
詩歌的意象、象徵、隱喻等手法，在藝術思維上出現含蓄、跳躍
的形式，形成了傳統閱讀中"隔"的感受，因爲"人們已經習慣
了詳盡說明的'明白'的詩，他們把這視爲詩的必然的和僅有的
屬性。人們也已經習慣了用詩來配合生活中的這個或那個重大的
政治性行動，他們把這視爲詩的唯一的職能和目的。一旦新詩潮
中湧現出不同於此的作品，他們便在那些撲朔迷離的意象迷宮中
茫然失措，他們爲'讀不懂'而焦躁氣悶。於是他們進而責備這
些詩人對社會不負責任。……他們難以理解如今這種詩歌結構上
連續性和直線性的終止和以大跨度跳躍爲主要標誌的分割完整形
象的間斷突變型的嘗試。他們尤其不能容忍詩人有意隱匿自己的
意圖，儘量讓別的東西說話，而不是如同往日那樣詩人是作爲全
知的存在。"[35] 這是一個原因；但另一個或許是更重要的原因，
則是批判性功能意向因外部壓力導致主體"失語"，出現了所謂
語言"空洞"，從而造成接受的"斷開"。前一個問題，是屬於

---

34 徐敬亞：《崛起的詩群——評我國詩歌的現代傾向》，《當代文藝思潮》
　　1983 年第 1 期。

35 謝冕：《歷史將證明價值——〈朦朧詩選〉序》，閻月君等編選《朦朧詩
　　選》，第 2 頁，春風文藝出版社 1988 年版。

審美問題，我將在後面章節中專門論述，這裏主要從朦朧詩話語出發，分析批判性"失語"構成的"朦朧"徵候。

　　我們知道，朦朧詩誕生於"文革"的黑夜深處，這種特殊的歷史境遇使它對政治有著特殊的敏感。放眼"文革"前後中國文壇，即使是"頌歌"式詩人，郭小川、何其芳當年在《望星空》、《回答》中因主體心靈的真誠感應，稍稍與"放歌時代精神"的要求產生一些游離，便被視爲大逆不道而遭到問罪，即爲例證。而朦朧詩的"出身"是地下詩歌，他們對於"時潮"的叛逆情緒和某些孕育自那個特定時代的批判意識，不是權威意識形態所允許表達的，無疑是冒犯了"禁忌"。對此，朦朧詩人自有"寄人籬下"般的警覺，大都具有幾乎是先天性的"自我保護意識"。以詩人多多爲例，在白洋淀詩歌群落中，他被看作是最勇敢、最率真的一個，在寫於 1973 年的《年代》中，他就用憂鬱的筆調抒寫過鄉村的血腥："沉悶的年代甦醒了/炮聲微微地撼動大地/戰爭，在倔強地開墾/牲畜被徵用，農民從田野上歸來/抬著血淋淋的犁……"表達了他對錯位現實的控訴與抗爭，但在社會現實中，據甘鐵生在《春季白洋淀》一文回憶，卻明顯表現爲另一個"自我"："多多和我睡的床鋪爲近鄰。每當談到形勢時，他總是特別認真。我知道他在創作上很有魄力，但卻有著非同一般的自我保護能力。在這點上，我們很多人都不如他。"[36] 這種內在"分裂"，我們當然不應看作是"詩心"的失真，而只能認爲來自詩歌對面的政治壓力是如此巨大，以致產生無法擺脫身處"懸崖"的感受。"文革"後門戶開放，現實似乎有一線可以動彈的縫隙，但遽然又會覺得動彈不得，詩人仍置於尷尬和困頓的處境，

---

36 廖亦武主編《沉淪的聖殿——中國 20 世紀 70 年代地下詩歌遺照》，第 272 頁，新疆青少年出版社 1999 年版。

例如新詩潮後期的“今天”派詩人北島就曾體認說：“我早期的作品中帶有很強的政治色彩，和當時的具體的個人經驗也很有關係，當時就是整天面臨著生離死別，就是這樣，每天都有威脅，所以它構成了一種直接的壓力。”[37] 政治的壓力，必然要求詩人尋求概括生活的新的途徑，回避直露而傾向含蓄，使批判性主旨包蘊在多向性的“意象”或“象徵”中，以求得生活、生存的空間。

　　曾經有學者提出“兩個顧准”的問題，我以為這個事實上存在的問題也不能回避。王堯指出：“這一問題所包含的意義不是‘兩個’中誰真誰假，而在於它在本質上反映了中國知識份子深刻的精神矛盾，這種‘真’、‘假’並存的狀態是中國當代知識份子思想命運的真實狀態。”[38] 其實不僅在思想界，在文學界同樣存在著在創作上判若兩人的現象，譬如，就存在“兩個郭小川”、“兩個食指（郭路生）”等。對於這“兩個”現象，當然可以作出多種解釋，我傾向於認為這是作家、詩人在強大的意識形態面前，既要表達個人思想，又不得不採取前沿躲避、保全自身的“兩全之策”，或者說，正是話語策略直接構成了“兩個自我”分裂的矛盾現象。朦朧詩人同樣也沒有擺脫知識份子宿命，不僅如多多、北島的“詩”與“人”的分裂，構成了矛盾現象，而且還構成了詩歌意識性的分裂：

　　　　一生中
　　　　我曾多次撒謊
　　　　卻始終誠實地遵守著

---

37 廖亦武主編《沉淪的聖殿──中國 20 世紀 70 年代地下詩歌遺照》，第 339 頁，新疆青少年出版社 1999 年版。
38 王堯：《矛盾重重的“過渡狀態”》，《當代作家評論》2000 年第 5 期。

　　一個兒時的諾言

　　因此，那與孩子的心

　　不能相容的世界

　　再也沒有饒恕過我

　　　　　　——北島《結局或開始》

　　因爲意識到了這種內部分裂，詩人始終處於對抗性的自我挽救、收復和自贖中，而其結果是加劇了"向內轉"，陷於難以擺脫的"文革"噩夢，未能在更深廣的意義上展開批判性命題。

　　還可以從詩歌藝術角度分析，朦朧詩之所以在當時被認爲爲朦朧、晦澀，是由於朦朧詩人們拋棄了那種政治議論的"明白模式"，而他們展示自己內心歷程和探索人的感情世界的趨向，又使他們比較容易地從某些西方現代派的詩歌藝術（或者間接從三、四十年代某些現代派詩歌）中找到借鑒，而難以避免地使人誤解爲朦朧詩就等同於晦澀。況且，"晦澀仍然不是一個在審美範疇內就可以解釋的問題，本質上它是一種受壓抑、受排斥的話語不得不採取的表達策略，順從主流意識形態的話語表達是不需要而且也不可能晦澀的，晦澀本身即包含了對主流意識形態的反抗。" 39 朦朧詩 "朦朧" 與 "晦澀" 的本質固然在此，但我們也不能忽視這樣一個事實，藝術形式有時也會增添或制約思想的表達力度，儘管朦朧詩的 "晦澀本身即包含了對主流意識形態的反抗"，但這種反抗性的批判主旨卻也因 "晦澀" 本身，而導致了另一種意涵上的不明確。正因爲如此，隨著政治走向民主和開明，恐怕今天人們從朦朧詩閱讀中已很難獲得啓蒙價值，而且相對於90 年代之後日益多元化的話語空間，它的思想 "偏狹" 面目也越

───────────────

39 張新穎：《棲居與遊牧之地》，學林出版社 1995 年版。

發呈現出來。

　　我們當然不能超越時代對朦朧詩"症候"作出歷史評價，相反只有從其歷史深處出發，才能找到朦朧詩精神的"棲息之地"，並且在歷史、當下和未來的多向座標上指明其位置。歷史地看，當所有人沉淪於宗教崇拜、暴力和流血的野蠻快感與末日狂熱之中的時候，新詩潮走出政治化、暴力化的社會生活，走上了個人的精神探尋和漂泊之路，這本身就是一個時代的奇蹟。由於政治的壓力和生存危機，朦朧詩對"文革"意識形態的反抗或批判更多的不是直接面對，而是前沿躲避，並且通過"高度個人化"的思想方式而偏離於時代之外，以此間接表達對啓蒙思想和精神理性的追尋與實踐，展示出一種難能可貴的主體自覺。但是，也不能不看到，恰因爲朦朧詩從暴力歷史中承襲了過多的負擔，以及生存策略、前沿躲避和藝術選擇等因素構成的綜合性歷史局限，也使朦朧詩在當下和未來指向的座標系統中出現了諸多"失語"和意義"朦朧"。正是在這層意義上，朦朧詩的批判性話語存在著先天性的不足，一定程度上也削弱了自身價値。

　　其一，儘管朦朧詩的批判話語在與歷史暴力的對抗中，意識到"人"、"自由"、"尊嚴"和"愛"等人道主義命題，但它既把"文革"歷史暴力作爲出發點，又作爲最終歸宿，始終未能擺脫時代特徵，未能顯示出歷史超越性。藝術固然不能割裂與現實的關係，當朦朧詩展開對歷史暴力的批判，恢復已失去多年的"人"的價値命題也具有時代性意義，但是，這種"恢復"，一定程度上只是"五四"精神的回歸，而且朦朧詩甚至未能自覺地意識到這一點，由此從這種歷史關係中展開新的探索。因此，所謂"新啓蒙"不過是"五四"啓蒙運動的接續，而不是深化。艾略特曾言："歷史的意識又含有一種領悟，不但要理解過去的

過去性，而且還要理解過去的現存性。"[40] 詩歌應當是現實與歷
史對話的一種特殊文本，作爲時代先覺者的詩人應具有穿透時
空，溝通今昔的歷史統攝力，從而"把過去同一個新穎的現在聯
繫起來，人們才能導引這個過去，通過最認真的探索，把迄今爲
止還隱藏著的奧秘揭櫫出來。"[41]

　　因此，由於歷史理性的匱乏，使朦朧詩的批判性價值只是對
權威話語的顛覆，而不具有建構性的現代意味。以對"人"的認
識爲例，20 世紀，馬克思主義哲學、愛因斯坦相對論、佛洛依德
潛意識理論等重大發現與學說，使現代意味的"人"開始重構，
他們認爲：人作爲主體並不是可以無限發展的，而是受到種種限
制的。於是人漸漸開始冷靜地面對客體，由過去的簡單征服轉向
越來越明顯的理解與可能性的索取。[42] 可惜，朦朧詩人因多方面
的制約並沒有清醒地意識到這種哲學變延，他們仍然沉醉在一體
性的主體擴張，無法擺脫 19 世紀古典主義時期人文觀念的牽掣，
終於理性的能力只限於"文化的修補"。真正意義上詩的現代意
味，是在第三代詩即後新詩潮詩人手裏完成的，朦朧詩人只是完
成了意識的傳遞階段，當然北島、楊煉、顧城等人的詩歌後來也
具有一定的現代意蘊，但彼時朦朧詩的時代已即將告歇。

　　其二，如前所述，新詩潮覺醒於社會蒙昧狀態，其批判性又
不得不在時代性意識形態的制約中又所避諱，因此所謂"朦
朧"，某種程度上可以說是"社會內涵朦朧"。反映在審美意識
領域，朦朧詩也明顯具有主旨意向上的模糊性，它情思寬泛而不

---

40 艾略特：《傳統與個人才能》，見大衛·洛奇編《二十世紀文學評論》（上）
　　上海譯文出版社 1987 年版。
41 《現代西方史學流派文選》第 101 頁，上海人民出版社 1982 年版
42 于慈江：《朦朧詩於第三代詩：蛻變期的深刻律動》，《文學評論》1988
　　年第 4 期

確定，虛與實、真與幻交錯地迅速撞擊和轉換，則使它徘徊於兩
種對立的傾向之間：“一方面爲情緒所左右而漂流於聯想於幻覺
之舟，另一方面在以詩的方式進行情緒與意欲的解析時，卻因滿
足於曲折的方式，而依然會在極端的反抗前人戒律和抽象地回歸
古典傳統之間，耽於沉思的模糊狀態──在這裏，現代藝術顯得
缺少真正的現實主義所具有的那種感性與理性相融合的力量，那
種詩情意蘊與現實生活的切近感。” 43 即使是在最成功的朦朧詩
人北島的作品中，如他的代表作《回答》、《結局與開始》、《同
謀》等，那種由於不堪的重負下深藏憂傷和陰鬱，往往蓋過了對
生活本質意義更高的尋求，同時又在情緒性的衝力下，終因忽略
對於批判物件的感知與理解之間的互相推移，而在非理性的“怒
吼”與唯理主義崇拜之間流連徘徊。

　　當然我們也注意到，隨著時代話語遷移，後期朦朧詩的思想
探索也曾達到一定的深度。仍以北島爲例，他的成熟性表現在“他
比較充分地獲得了一種獨立於歷史文化之外的‘自我意識’。這
種意識是複雜的，它一方面與歷史暴力關係有著千絲萬縷的聯
繫，另一方面，它又經常表現爲一種更爲深刻的歷史和文化的虛
無意識。” 44 如《紅帆船》中，當一個成熟而獨立的“自我”的
塑像突然聳立在一片廢墟之上的一刹那，整個世界奇妙地露出了
它的真面目：“到處都是殘垣斷壁……/而背後的森林之火/不過
是塵土飛揚的黃昏”；而在《同謀》一詩中，他還以深刻的懷疑
精神思考一代人的“自我”與父輩及其歷史之間的關係：“當我

---

43 楊匡漢：《朦朧與後朦朧的詩與思──新時期詩歌潮流觀察之一》，《當
　　代作家評論》1999 年第 6 期
44 張閎：《北島，或關於一代人的“成長小說”》，《當代作家評論》1998
　　年第 6 期

們回頭望去/在父輩們肖像的廣闊背景上/蝙蝠劃出的圓弧，和黃昏/一起消失/我們不是無辜的/早已和鏡子中的歷史成爲/同謀"。無疑，從文化和歷史視野觀照，北島對"自我"的反思確已達到一定深度，但如果考慮到北島詩歌特定的本文語境，便會發現這些詩中顯露出來的荒誕和虛無意識，也大致只是歷史和社會意識的荒誕和虛無感，並不指向現代意味的"人"意識到的那種生存境遇式的荒誕和虛無，那麼它顯然無法與艾略特《荒原》所揭示的有關現代生存處境的哲學命題同日而喻。在我看來，正是在對於歷史和文化的穿透，從而敞亮現代詩歌的"思"的空間一面，朦朧詩因其智性的捉襟見肘而令人遺憾地止步了。

其三，在"人"的命題上，朦朧詩所凸現的個體"自我"，主要是個體中的群體部分，"個人"的深度未及充分展開，因而書寫的是"浮泛的個人性"。如一些論者所指出的那樣，朦朧詩通過批判與抗爭，征討的"自我"實質上是抽象"人"的自我，這個"自我"總體上是大寫的"人"的代稱，是"人民"的代言。反映在詩歌話語中，抒情主人公凸現的自我形象，總操著蒼涼大語，如江河的《祖國呵，祖國》："我把長城莊嚴地放上北方的山巒/像晃動著幾千年沉重的鎖鏈/像高舉起剛剛死去的兒子/他的軀體還在我的手中抽搐。"北島則在《宣告》中寫道："寧靜的地平線/分開了生者和死者的行列/我只能選擇天空/決不跪在地上/以顯出劊子手們的高大/好阻擋自由的風"。這個大寫的"自我"，在特定時期曾起到不可或缺的歷史作用，如馬克思所言："我們要把宗教奪去的內容——人的內容，不是什麼神的內容——歸還給人，所謂歸還就是喚起他的自覺。"[45] 朦朧詩的問

---

45 《馬克思恩格斯全集》，第 1 卷，第 651 頁

題當然不在這裏。我們要追問的是馬克思所謂"喚起"自覺之後，這個"自我"的個人屬性，或者說是有著文學意義的"個人性"應該怎樣書寫？那麼我們認爲：朦朧詩的書寫的"人"無疑只是"大寫的人"，或"英雄"，而不是撇開了"角色與功能"[46]意義上的生命個體。

　　朦朧詩因"個人性"浮泛，必然導致詩歌"個人化寫作"的缺失。朦朧詩人一般都具有社會責任大於藝術責任的傾向，並擔當著思想啓蒙者、社會批判者、美的持護者與歌頌者的角色。90年代以後，隨著"啓蒙話語"在新的話語體系中的失勢與衰落，詩人從話語中心位置的被拋感受和隕落意識增強，"個人化寫作"通過對邊緣感受的認同直接完成了。朦朧詩代表之一的歐陽江河曾指認："這不僅指從事寫作（尤其是從事沒有用處的詩歌寫作）的知識份子在話語體系中的位置，在國家生活中，處於中心地位的顯然是政治話語而不是文學話語。前者可以……'擦去'後者的影響。"他由此提出"也許偏離權力、消解中心不失爲一種明智的選擇。"[47]有學者指出，現仍從事寫作的朦朧詩人如北島、江河等，他們的個人化的表達方式已呈現出強烈的"自爲性"（self-reflexivness）。[48]確實，自由、正義、英雄主義、崇高……對於一位詩人來講，都是褒義的辭彙，但它們遠不能代表詩歌的全部真諦。

---

46 《福柯專訪錄》，《東西文化評論》第三輯，北京大學出版社，第 262 頁
47 歐陽江河詩文自選集《誰去誰留》，湖南文藝出版社 1997 年版，第 261 頁
48 趙尋：《論批判性個人化與穆旦對當下詩歌的意義》，《詩探索》2000 年
　　第 1-2 輯

第三章　批判性主旨與詩歌話語空間

在當代哲性詩學研究中，一些新的文本解釋觀實現了文學批評最為徹底的話語轉型。其中，接受美學、解釋學、結構主義符號學、解構理論等批評方法，不僅啓示人們文學本身即為一個意義多元的召喚性結構，可以作出多種角度、多個層面、多重意蘊的解釋和揭示，而且標明文本的闡釋意義是多元、多維的，它是人的理解的文學效果史中永無止境的顯現。這些理論的關鍵字，如期待視野、效果史、視界融合、具體化、所指與能指、消解、顛覆、反二元論、書寫、話語、分延、蹤跡、播撒等，已被廣泛運用到哲學、文學、美學、語言學研究中。它實現了哲性詩學研究的話語轉型，刷新了人們對語言與表達、書寫與閱讀、語言與文化、文學與社會等方面的認識，開拓了文學批評和文學作品的闡釋領域。（CF.J.Culler.On Deconstruction ：Theory and Criticism after Structuralism，Ithaca：Cornel University Press，1992.）

儘管自 20 世紀 80 年代以來，學界對朦朧詩以"論爭"為名的批評和正規的學理性研究一直未曾息歇，也出現了一批有品質的成果，但總體上看，這些批評或研究大都限定在政治學、社會學和文藝美學的傳統框架內，而未能隨著時代演進和批評理論話語轉型有所拓展與突破。作為一種文化——文學現象，朦朧詩以其批判性主旨和現代意味，其中蘊涵了多重意義上的主體自覺和功能向度，給予中國現代詩歌和文學以啓示價值。本章將運用當代哲性詩學研究的方法，結合朦朧詩文本解析，深入其潛在話語空間，闡釋其遮掩於“朦朧”意象之後的所指與能指。

一、社會介入：“邊緣性”的權力話語表達

　　詩歌要不要、能不能介入社會，詩界和學界一直有著廣泛的爭議。在所謂“介入文學”的始作俑者薩特那裏，他明確將“介入性”賦予了散文（主要是小說）和他偏愛的戲劇等文學樣式。他以爲，散文、戲劇這些文類的成熟，本身就與近代以來的資產階級市民社會的公共生活方式是密不可分的。散文（及戲劇）首先是一種公眾化的藝術活動，“散文藝術與民主制度休戚相關，只有在民主制度下才保有一個意義。”[1] 然而，在薩特式的幾乎是無孔不入的“介入文學”領域裏，詩歌成了一塊“美”的特權領地。在薩特的心目中，詩歌如同涉世未深的“大家閨秀”，純潔美麗，天真爛漫，一旦過早地“介入”人世，似乎就大有“失貞”的危險。顯然，薩特已陷入了自己“純詩”的理想而不能自拔。薩特的“非介入性”詩歌理念，無疑漠視了詩歌史上普遍存在的“介入性的詩歌”這一事實。在詩歌史上，英國的彌爾頓、拜倫和法國的貝朗瑞、雨果等人的詩歌，與其同時代的散文、小說和戲劇相比，“介入”的程度至少可以說是不相上下的。之後，羅蘭·巴特從理論上挽救了薩特陷入的窘境，將薩特無法解決的形式的“介入性”問題加以解決了。根據羅蘭·巴特在《寫作的零度》表達的觀點，他認爲寫作具有普遍的“介入性”，但這種“介入”在詩歌那裏，更主要的是一種象徵性的“介入”，即寫作以“沉

---

1 薩特：《什麼是文學？》，《薩特文論選》第 135 頁，施康強譯，人民文學
　出版社 1991 年版。

默"的方式存在，話語就像是一連串的"無主句"，寫作主體自身悄悄地抽身走開，留下自己的"符號——影子"來虛擬與現實打交道。2

　　詩歌的"介入性"在西方文學理論可以作爲"問題"存在，但在中國，卻基本上是一個不成問題的"問題"。我國的文學觀念很早就有"詩言志"和"文以載道"的說法，而所謂"志"與"道"很大程度上是寄託著社會改造理想的，文學與社會、與政治幾乎天然性地有著剪不斷的血緣關係。回到問題上來，如前文所述朦朧詩的重要作品大多寫於 20 世紀 70 年代早、中期和 80 年代，彼時詩人以民間、"地下"的形式與時代發生著直接的對抗，在爲對抗歷史罪惡而塑造的一代人的雕像中，也同時孵化了詩人自我的膨脹——他們期望成爲民族苦難的代言人和拯救者，呈現出一副基督般大苦大悲的神聖面目。在他們看來，詩不僅是苦難的象徵，而且是拯救苦難的開始，詩的"介入性"可以也應該得到淋漓盡致的發揮，正如那首著名的《結局或開始》開篇所寫的那樣：

　　　　我，站在這裏
　　　　代替另一個被殺害的人
　　　　為了每當太陽升起
　　　　讓沉重的影子像道路
　　　　穿過整個國土
　　　　　　　—— 北島《結局或開始》

　　這裏，彷彿整個民族的苦難都集中在詩人的肩頭，他痛苦地醒著，孤獨地站著，艱難地背負著。所以不管詩人願不願意，朦

---

2 參見張閎《介入的詩歌》，孫文波等編《語言：形式的命名》第 298–302 頁，人民文學出版社 1999 年版。

朧詩被批評家貼上“政治”的標籤，幾乎是理所當然的。誠如張
閎所指出的，“認爲詩歌可以‘做什麼’的想法，乃是‘今天派’
（以及所謂‘朦朧詩派’）詩人的觀點。他們也確實用自己的詩
歌‘做’了一些什麼……‘今天派’的詩歌曾經以前所未有的
‘介入性’，給當時的中國社會以極大的精神震撼。”3

　　儘管第三代詩人以“純詩”的眼光，對朦朧詩夾帶濃厚的政
治意識形態色彩有著過多的責難，認爲朦朧詩在社會政治方面做
得很多，而在詩歌藝術方面做得卻很少，他們甚至還發現朦朧詩
因其“介入”，所以在抒情方式和美學意趣上與“文革”話語形
式和美學之間有著相似性，但在我看來，這種指責和詰難多少顯
示出簡單化和粗暴化的傾向。歷史地看，朦朧詩的“介入”具有
“被迫”的性質，而實質上是一種受抑制的弱勢群體爭奪話語
權、發言權，即一種權力意識支配的結果。眾所周知，在“文革”
期間，非主流意識形態性的話語表達是不允許的，在極左的政治
機器面前，人民的廣場不可能有人民的聲音，“發言”也成了“白
日夢”，北島在《白日夢》一詩中拆解過這個秘密：

> 我需要廣場
> 一片空曠的廣場
> 放置一個碗，一把小匙
> 一隻風箏孤單的影子
> 佔據廣場的人說
> 這不可能
> 籠中的鳥需要散步
> 夢游者需要貧血的陽光

3　張閎《介入的詩歌》，孫文波等編《語言：形式的命名》第 303 頁，人民文
　學出版社 1999 年版。

　　　道路撞擊在一起
　　　需要平等的對話
　　　──北島《白日夢》

　　與“父法”之間的“平等對話”既不可能，於是“總想大哭一場”的一代人迷茫、失落、苦悶，轉而用朦朧的隱喻曲折地表達叛逆的“聲音”。這時，那些在地下傳遞“聲音”的詩人，更像一群幽靈，他們只能用詩的密碼實現心與心的溝通，同時也期盼喚醒“熟睡在鐵屋子裏的人們”（魯迅）。這種境況一直伴隨著新詩潮所走的荊棘之途，直至北島們感覺到“男人的喉嚨成熟了”的時候，才意味著與“文革”意識形態對立的批判性話語已經獲得了獨立、自我的表達形式，也明確標明了朦朧詩將要實現自己的話語表達。

　　但也不能不看到，朦朧詩的權力話語仍然具有被壓迫性，是邊緣性的，猶如多聲部的交響樂中那強大的音樂主題壓迫下不斷反抗、掙扎的副旋律。因爲“在一般情況下，一個社會的支配性話語顯得更爲完整，它之所以能夠上升到支配性地位，在於它能夠提供有關人與世界、人與自然的種種必要的解釋，將更多人的經驗納入一個共同體系之內。”而非支配性話語是在同前者的對話中產生出來的，並且很大程度上“仍然是私人性質的，每個人都像是說著自己的方言。”4 以此反觀朦朧詩，其話語權力的“邊緣”特徵也是明顯的：一，儘管朦朧詩強調對中心話語疏離和挑戰，試圖顛覆權威，消解中心，但因支配性話語的壓力，以及本身不能承受的生命重壓，就只能以邊緣性質介入公共空間，難以形成時代的主旋律；二，在權力話語結構中，朦朧詩難以擺脫被

4 崔衛平：《個人化與私人化》，《詩探索》1994 年第 2 期，第 19–21 頁。

權力話語所說與壓抑的命運，他們從個體心靈法則中生長出來的新異意識和思想裂縫，還不具有改變和拆解權力結構的力量；三，邊緣狀態的"他者"形象：朦朧詩獨特的處境、注重個體生存的邊緣狀態，以及對寫作的個人性、話語的隱秘性和渴望家園的地緣性加以深層關注，這種個體與群體的疏離客觀上也難以成爲社會中心話語，並且還遭遇著歷史文化的巨大壓力。或許還可以做進一步闡發，朦朧詩的"對抗性"與"邊緣性"，在權力關係內本身就是一個悖論，而且還隱藏著生命本體意義的危機："'邊緣'是一種自我放逐和心靈流亡。選擇邊緣就選擇了自己的'他者'形象並準備爲這份'孤獨'付出選擇的代價。"[5]

由此可見，朦朧詩的"介入"雖是全方位的，但其收復的領地卻是有限的。換句話說，朦朧詩的"介入"可能給一個平庸時代帶來榮耀，並喚起一代年輕人英雄主義激情，但因其邊緣話語性質，並沒有更多的觸及權力結構本身，更缺乏深邃的理性以穿透無處不在的權力關係。在我看來，朦朧詩對權力的拆解本身並沒有給我們帶來更多的東西，但它的在權力話語結構中的非常態的表達方式卻是值得分析的：

其一，朦朧詩詩人們自始至終極其重視詩歌的傳播方式與功能，企圖以詩爲精神載體、以民間刊物爲媒介，開闢出一個新的話語空間。"以詩爲媒"，曾經是我們這個詩的國度傳遞心靈資訊的重要方式，以紙質媒體承載思想情愫也不鮮見於典籍記載。這些古老形式再次"復活"於 20 世紀世界現代文明史上，與其說反映了人們對於那種歷久彌新的浪漫傳播方式的傾心，還不如說它昭示了"文革"暴力歷史的黑暗。如《文化大革命的地下文學》

---

5 王岳川著：《二十世紀西方詩性哲學》，北京大學出版社 2000 年版，第 564 頁。

一書中曾記載，70 年代初期一度活躍的“趙一凡沙龍（1970—1973）”、郭世英的“X 小組”、張郎郎等人的“太陽縱隊（詩歌沙龍）”、“白洋淀三劍客”、“軍旅通信沙龍”、“北京二中知青詩歌圈子”等，這些沙龍組織大都出現在“文革”最混亂時期的“法制真空”中，他們的存在形式是自發而非通過組織形式形成。在部分知青中，由於處地偏僻，久居鄉村，生活群體相對穩定，他們以地下閱讀爲發端，逐漸構築起一個寫信、寫日記、寫詩歌的“文學圈子”，並且以地下方式開放性地傳播思想和精神，形成“白洋淀詩歌群落”。他們“在 1973—1974 年之間最終匯流於‘現代主義’旗幟之下，而且很重要的是，他們以自己的詩歌寫作據守了這個時代理性精神的高度，展示了他們對暴力、迷信、愚昧與專制的決絕和批判，以及他們對人生對世界的自由理解和獨立思考。”[6]

　　“今天派”時期，朦朧詩儘管已部分地被體制文學所接納，但他們仍然認爲在相對於腐朽的美學傳統和詩歌秩序這一點上，民間刊物依然是一種獨特的存在，可以構築起一個以“對抗”爲共性的“先鋒性”詩歌的民間詩壇。據有關資料：《今天》自創刊至被迫停刊，共出了 9 期正刊、4 本《叢書》（詩集和小說）、3 期“非正式刊”，而且在短短兩年時間裏，通過若干朗誦會，詩人、讀者、編者交流會，各民刊聯誼會，以及同各界群眾和讀者的通信聯絡，產生了廣泛的社會影響。至於民刊的特殊意義在哪裏？《今天》成員李南在接受廖亦武等的訪談時曾作出解釋：“曾經有一次，在我們家跟李陀說過。李陀當時覺得其實現在門已經開得很大了，爲什麼還要有民刊呢？我就跟他說，魯迅先生

---

6 張清華：《黑夜深處的火光：六七十年代地下詩歌的啓蒙主題》，《當代作家評論》2000 年第 3 期。

有篇文章說，因爲有人要求揭房頂了，所以才開的窗戶。如果沒有這些人在前頭揭房頂，有你們的今天嗎？有你這個所謂的開闊嗎？沒有這些人在前頭開路，你們怎麼可能有這種開放的形勢呢？"[7] 顯然，朦朧詩人是把詩和民刊看作是特殊的話語系統，並且是具有特殊的權力功能指向的。

　　其二，朦朧詩注重於文本抒寫，竭力以"叫喊"的方式放大音量，從而爭取最大程度的話語權力。自新詩潮湧動之初，作爲民間話語性質的朦朧詩就一直嚮往著自由地表達，嚮往著話語權力，也嚮往著像體制文學一樣"合法化"，然而他們的話語權與生存權一樣，根本就操縱在權威和體制手裏，真正意義上的"思想"因其"異端性"而喪失了介入公共話語空間、成爲主流話語的可能："存在的僅僅是聲音/一些簡單而細弱的聲音/就像單性繁殖的生物一樣"（北島：《白日夢》）。朦朧詩後期的"今天派"意識到了這種尷尬，所以一批又一批詩人在自己的宣言和詩作中，越來越誇張地放大自己的音量，追求盡可能多的回聲效果。他們甚至相信，詩歌只有一種發聲方式，那就是"喊叫"。於是我們越來越多地看到這種風格的詩句："告訴你吧，我 —— 不 ——相 —— 信！"、"黑夜給了我黑色的眼睛，我卻用它尋找光明"，或者"爲開拓心靈的處女地，走入禁區，也許 —— 就在那裏犧牲，留下歪歪斜斜的腳印，給後來者簽署通行證。"這些蒼涼大語都是喊給權力話語聽的，這種"邊緣人的放歌"某種程度上確實是"一次蓄意、大膽的挑戰"。[8] 當然，人們也注意到，隨著社會

7　廖亦武主編：《沉淪的聖殿 —— 中國 20 世紀 70 年代地下詩歌遺照》，第 365 頁，新疆青少年出版社 1999 年版。
8　張閎：《北島，或關於一代人的"成長小說"》，《當代作家評論》1998 年第 6 期。

對"文革"反思的不斷深入，特別是中國逐漸接續上全球性的現代化道路，朦朧詩的"喊叫"也開始呈露其偏激狹隘的面目，他們爲爭取話語權力而過分誇張的非理性激情和玄虛架勢，不僅阻礙其對權力意識的深層穿透，從而削弱了它的啓蒙價值，而且還造就了大批效尤者進而加速了對朦朧詩的"反動"。由此看來，這種多向性的"權力意識"，一定程度上構成了阻礙中國現代詩歌進程的新的危機。

其三，從外部風景看，朦朧詩注重與非文學力量合流構成新的話語權力，自覺與哲學、藝術及各種社會訴求一道共謀切入公共話語空間，力圖以時代話語的方式擠進中心話語圈分享其話語權。朦朧詩從自身的歷史和權力結構的關係中已經意識到，"在當代世界，以一個個體的力量要爭取到發言權的機會幾乎是 0，這是政治生活對詩歌生態的影響，百年中國歷史的結果之一。所以詩人既要保持個人寫作的獨立性，他同時又常常不得不借助群的力量來發佈自己的聲音。"[9] 確實，在權力話語面前，僅僅以詩的形式很難起到對"文革"極左意識形態的擠兌作用，擺脫尷尬處境的最好辦法，就是勇敢地拋棄自己的"特權"地位，自覺與科學、哲學和藝術等相攜手，並匯集時代主潮、政治運作、社會訴求和民眾願望共同改變現實，同時又堅持詩歌藝術的純潔本質。

以哲學爲例，西方哲學的研究和傳播，在新時期思想解放和社會變革中就發生過積極作用和深遠影響。"任何變革要求的提出，都產生於對社會現狀的認識和不滿足。從思維狀態分析，這又有賴於基於懷疑的變革精神。由於長期以來在對待馬克思主義

---

9 于堅：《當代詩歌的民間傳統》，《山花》（貴陽），2001 年第 8 期。

態度上的偏頗和僵化，特別是真理觀上的形而上學態度，使它失去了吞吐百家和發展自己的能力，成爲‘四人幫’手中推行現代迷信的工具。中國人的懷疑和變革精神的重新喚醒，是中國社會前進的精神前提。”[10] 而要達到這個目標，就必須引進西方各種哲學思潮，在對比研究中，通過消化和改造，汲取其中的思想養料，從而幫助我們驅除迷信，擴大視野，活躍思想。80 年代初在全國範圍內開展的重評人道主義和異化問題的討論，就在很深的層次上觸及了當代中國社會發展過程中，特別是“文化大革命”中存在的問題，也對當時新啓蒙思潮提供了思想動力。朦朧詩與這種哲學之“思”相呼應，以“歌和哭”的審美形式重新確立人的價值和尊嚴，豐富“人”的主題內涵，從而合力性地啓動了時代性話語。在“民間”與“體制”的關係上，朦朧詩還注重話語切入的策略，以《今天》爲例，它創刊的時代背景，那是一個人民積壓多年的心聲需要表達而又在正規管道得不到表達的特定關口。《今天》的創辦者們估量了這一形勢，鼓勵作者在國家刊物上發表作品，但前提是必須使用在《今天》上使用過的真名或筆名，以提高《今天》的知名度，其目的是最終有效地融入中心話語圈，避免“失語”而無法進入公共話語空間。

最後一個問題，即朦朧詩權力意識的所指和能指。我們通過對朦朧詩批判性主旨的確立過程的分析，已大致確認朦朧詩是在對“文革”暴力歷史和極左意識形態的權力話語的拆解中，獲得了民間性的權力訴求。他們意識到，對權力的愛好可以使人誤入歧途，服從權力的欲望也可以使人誤入歧途。早在寫於 1972 年的詩中,詩人黃翔曾表達過一代人對於宗教崇拜、暴力歷史的失望，

---

10 黃見德著：《西方哲學在當代中國》，第 358 頁，華中理工大學出版社 1996 年版。

以及對精神與文化開放的暢想："他們/站在覺醒的大陸上/推開我的在搖晃中倒下的發黑的身軀/脫下我的守舊中庸狹隘保守的傳統屍布/把塵封在蛛網中的無盡歲月踩在腳下/向一個新世界遙望/隔著太平洋　大西洋　印度洋/同對岸的毗鄰對話"。（黃翔：《長城的自白》）詩句中，詩人表達了"科學和變革"訴求，召喚一個古老民族能夠擁有精神和文化的自我更新和脹破的能力，呼喚國人打破自己虛妄和怯懦的歷史幻象與封閉自閉的民族心理，真正把中華民族推向世界。這一對民族歷史的全新理解和價值判斷在 20 世紀 80 年代後終於成爲全民族的共識，詩人深刻地預見了中國走向現代化的必由之路。

　　20 世紀的歷史已經證明，絕對主義權力結構本身不可能帶來人的解放和全面自由發展。從權力體制看，在相當長的時期內，文藝界、知識界像其他各界一樣，在絕對主義權力嚴密控制下過分政治化、僕傭化，以致"無法形成置身於直接政治之外的一支獨立的社會穩定力量、制衡力量，加上幾千年專制主義政治、思想、文化、心理、習慣巨大的潛在影響，並一而再地轉化爲政治實踐，也就絕非偶然了。"[11] 極權導致扭曲的社會輿論，絕對主義的極權則招致"對抗"與批判，從而也催生出民主化的政治力量。隨著十一屆三中全會的召開和現代化的不斷發展，朦朧詩在文本書寫中的權力所指已在很大程度上得以實現，正如歐陽江河在《'89 後國內詩歌寫作：本土氣質、中年特徵與知識份子身份》一文中所總結他們這一代人自八十年代中期以來所經歷過的精神轉變："抗議作爲一個詩歌主題，其可能性已經被耗盡了。"

---

11 姜義華：《理性缺位的啓蒙》，第 338 頁，上海三聯書店 2000 年版。

二、現代焦慮：穿透歷史的 "虛無意識"

　　朦朧詩從 "文革" 黑暗歷史中走來，逐漸建構起一種獨立於文化歷史之外的 "自我意識"。這種意識在一個向度上表現為與暴力歷史告別，在另一個向度上則呈現出一種更為深刻的歷史和文化的虛無意識。"到處都是殘垣斷壁……/而背後的森林之火/不過是塵土飛揚的黃昏"。（北島：《紅帆船》）這種情景令人想起魯迅筆下的世界景像："我順著倒敗的泥牆走路……微風起來，四面都是塵土。" [12] 抑或也會想起 T·S·艾略特筆下的 "荒原"："四月是最殘忍的月份，哺育著/丁香，在死去的土地裏，混合著/記憶和欲望……" [13] 隨著個人話語被不斷啟動，朦朧詩不自覺地進入了魯迅或西方作家的思維和意識層次，是非常令人深思的。

　　虛無主義作為文化傳統之一脈，有其獨特的精神指向。E·希爾斯在《Tradition》一文中，曾對人類文化中 "實質性傳統" 和 "積極的傳統" 兩個範疇作過界別，大意為："實質性傳統" 與人類的一些原始心理需要密切相關，諸如敬重權威、懷舊、戀鄉、渴盼家庭溫情、道德感等；"積極的傳統" 則相反，它是與反規範、虛無主義、原創性、個體性、科學主義相關的一種 "反傳統的傳統"。[14] "實質性傳統" 在中西文化中普遍存在，而且在任何時代都普遍存在，構成了傳統的穩定性一面，而 "積極的傳統" 在史前是通過 "創世神話" 等本源性神話體現的，在近、

---

12 《魯迅全集》第 2 卷，第 167 頁，人民文學出版社 1981 年版。

13 轉引自王小龍：《現代主義的繆斯》，第 151 頁，上海文藝出版社 1989 年版。

14 E·希爾斯：《論傳統》（Tradition），第 315 頁，上海人民出版社 1991 年版。

現代則是通過個人性的創造和立說顯示出對前者的反叛，構成了傳統變異性的一面。[15] 從這個視角看，朦朧詩由個人話語的深度展開出發，無疑對接上的是“積極的傳統”：它不僅逾越了政治文化層面上的中國知識份子慣常的“補天”意識，而且打破了到“文化——母親”懷抱中去尋找乳汁的心理，逐漸進入了具有某種悲劇意味的個體性“生存意識”，從而獲得了生命孤獨、荒謬的現代虛無感。

　　正如我們在前文中所分析的，朦朧詩一代人的塑像是建立在歷史的廢墟上的。這裏，“偶像”式的神的體系已經垮塌，詩人們處在“沒有英雄的年代”，猶如尼采“上帝死了”的轉喻。既然逃離了“故鄉”，精神歷險便已經展開，他們似乎來到了“一個突然失去幻想和光亮的世界中，……感到自己是異鄉人，是陌生客。他的流放無可補救，因爲他被剝奪而失去了故園的記憶和對樂土的希望。”（加繆：《西西弗斯神話》）儘管由於精神斷乳期所特有的揮之不去的厄運感，陡增了對未來的無望和絕望，但他們意識到這是一個“必將確立每個人生存的意義”，“加深人們對自由精神的理解”，從而“進行文明古國的現代更新”的開始。[16]

　　然而，隨著對歷史與自我雙重省思的不斷展開，朦朧詩人已經沒有了往日的確信，相反倒是發現了無處不在的“可疑之處”。如北島早年還寫道：“新的轉機和閃閃的星斗/正在綴滿沒有遮攔的天空/那是五千年的象形文字/那是未來人們凝視的眼睛”（北島：《回答》），這裏，詩人對“未來”顯然是肯定的；然而隨著詩人對歷史文化的更深思考，他卻在“蠅眼中裂變的世

---

15 參見吳炫著：《中國當代思想批判》，第 107 頁，學林出版社 2001 年版。
16 《今天》編輯部：《致讀者》，《今天》創刊號，1978 年 12 月 23 號。

界”裏，到處看到的是異象和惡兆：“或許有彗星出現/拖曳著廢墟中的瓦礫/和失敗者的名字/讓它們閃光、燃燒，化爲灰燼。”（北島：《彗星》）這標明朦朧詩已被引入了現代性的生存“空洞”或曠無之地。

王光明在闡明新詩潮與魯迅的精神聯繫時，對魯迅的“虛無感”有過這樣一個精闢分析，他認爲：在《野草》這本薄薄的散文詩集中，魯迅在《希望》中提到的一個人生見解值得重視，即當人“用這希望的盾，抗拒那空虛中暗夜的襲來”，將生命託付給不能證實之“物”的時候，會存在一種“虛妄”，而“故意地填以無奈何的自欺的希望”的結果，是更深重的失望，因此魯迅主張通過實踐去抗拒緊逼的絕望：“我只得由我來肉搏這空虛中的暗夜了，縱使尋不到身外的青春，也總得自己來一擲我身中的遲暮。”魯迅就這樣摒棄了“希望”，一旦“希望”被懷疑，“絕望”也就不復存在了（“絕望之爲虛妄，正與希望相同”），所以他創造性地把個體生命的形式和意義都內聚在創造性的實踐——“走”中，如《過客》說出的震撼人心的格言：“我只得走，我還是走好罷……”。在魯迅看來，“走”既是生命的表現形式，也是它根本的歸宿。[17] 同樣如此，朦朧詩也意識到存在的“虛無”，卻並沒有掉入絕望的酒杯裏自斟自飲，而從嚴峻、逼促的現實中走出，再次沿著魯迅“野草”式的精神指向，重複著現代靈魂不停“行走”的宿命。於是我們看到，詩人多多走向了大雪紛飛的北方：“一條大路吸引令你頭暈的最初的方向/那是你的起點。雲朵包住你的頭/準備給你一個工作/那是你的起點/那是你的起點……/頭也不回的旅行者啊/你所蔑視的一切，都是不會

---

17 參見王光明著：《艱難的指向——“新詩潮”與二十世紀中國現代詩》，第 86 頁，時代文藝出版社 1993 年版。

消逝的。"（多多：《里程》）北島也在"行走"，目的地是冬天："走向冬天/我們坐下來不是爲了/一個神聖的預言，走吧/走過駝背的老人搭成的拱門/把鑰匙留下/走過鬼影幢幢的大殿/把夢魘留下/留下一切多餘的東西/我們不欠什麼/甚至賣掉衣服，鞋/和最後一份口糧/把叮噹作響的小錢留下……"（北島：《走向冬天》）他們如同去掉了一切身內、身外之累地"走"，"走"似乎成了唯一的姿勢，也是唯一的生存態度。

不妨說，朦朧詩的"虛無意識"指含著人類生存境遇式的"末日的圖景"，但並非是對個體生命的否定，更不指向主體性的虛無主義。換句話說，朦朧詩對歷史、宗教、文化等創造物作"空洞"處理，但並不否認本體性的"人"的意義和價值。正是在這個層面上，我們發現朦朧詩的"虛無意識"中孕含著有所肯定的"新的價值"："現代虛無主義的興起之所以是必然，是因爲我們至今的價值本身是在虛無主義中得出其最後結論的，虛無主義是我們的巨大價值和理想的徹底思考的邏輯。因此我們必須先經驗虛無主義，以便發現到底什麼是這些價值的價值，以及所需要的新的價值。"[18] 西方自尼采之後不斷蔓延的虛無主義價值觀念，大致可以用來辨識朦朧詩的精神支撐。

但，這種滿眼的荒蕪與生命的"行走"，畢竟充斥著盤根錯節的矛盾肌理。"知其不可爲而爲之"，在中國古代知識份子那裏，由於有儒道釋思想作爲支撐，所以他們是心安的，而朦朧詩人走出了中國傳統人生哲學的範疇，從生命本真意義"冷眼看世界"，那麼必定是不安的，並且會裂變、生長出絕望之花。"在黎明的銅鏡中/呈現的是黎明/水手從絕望的耐心裏/體驗到石頭的

---

18 王岳川：《二十世紀西方哲性詩學》，第 42 頁，北京大學出版社 1999 年版。

幸福"（北島：《在黎明的銅鏡中》）這裏，一種因傷口結痂而
蛻變爲堅硬的"石頭"意識，在新詩潮後期開始進入了最優秀的
朦朧詩人的詩中。"石頭"意味著僵硬、冷漠和無生命的感受，
而這一切恰恰又是詩人所反叛和拒絕的，是上一代人形象的本
質。"北島一代人在與石頭般的歷史的搏鬥過程中，習得了'石
頭'的品質。勝利者自身也'石化'了……他們那空洞冷漠的眼
眶茫然正對著昏黃的夕陽和荒涼廣漠的世界，映照出這個世界空
虛的本質。然而，他們自身卻與這個世界是那樣想像。從這深不
可測的眼洞裏，我們也可看出，這永恆的觀望者的內心狀況——
它與面前的世界一樣，也充分'空洞化'了。"[19] 這種"石化"
傾向無疑與朦朧詩人無法解脫的精神之痛有關，也是朦朧詩在
"虛無"或"空洞"化處理之後，留下難以克服的精神萎靡、思
想貧困的遺跡。

　　朦朧詩的虛無意識來自於獨特的生命體驗。它既不等同於古
代老莊一脈那種玄學化的對世界及自我作徹底否定的"虛無"，
也不完全等同於具有明顯西方現代意味的艾略特式的"荒原意
識"，甚至也不同於第三代詩或後新詩潮作"文化空洞"處理後
的"廢墟意識"。老莊式的虛無意識，是以歷史洪荒之"無"爲
基點，概括出人類在現實社會中普遍感受到的生存壓力和荒謬，
試圖爲人們指明一條高蹈出世的精神之路，而朦朧詩人既面向現
代，拒絕回歸歷史，同時還從本體意義上承認生命之真，自然兩
者之間有著明顯的不同。西方艾略特式的荒原意識，反映了戰後
西方世界整整一代人的幻滅和絕望，展示了舊日的文明和傳統的
價值的衰落，表現了一片荒原般的"時代精神"，不過，這裏的

---

19 張閎：《北島，或關於一代人的"成長小說"》，《當代作家評論》1998
　　年第 6 期。

“荒”主要指的是西方文明和精神的“荒”，是 20 世紀西方的境遇，而朦朧詩的虛無意識則完全是從東方古國的現代境遇中生發出來的，它既有對黑暗歷史、權力體制的幻滅，又夾雜著對西方現代文明的憧憬和時代性焦慮，兩者的語境和生存體驗都有差異，也不可同日而語。後新詩潮（第三代詩）繼承了新詩潮（朦朧詩）的精神遺產，但其出發地卻已是以大眾傳播和消費生產為特徵的後現代社會，他們感受的“虛無”是後現代性的精神無據和漂泊感，其具體表徵是徹底地顛覆權威、解構文化意義及價值後的“廢墟意識”，朦朧詩無疑還沒有走得那麼遠，儘管在許多方面它也已潛藏著這種精神因數，但它對社會和人的終極價值還是有所肯定的，並且在某種程度上始終持有對社會和人性的關懷。

由此可見，一個“屬”的概念是會存在認識的“種差”的，“虛無意識”本身也具有多向度的能指性。即使將其限定在朦朧詩內部，在我看來這種意識的“所指”本身，也因詩人豐富多樣的精神意向和語言的意義悖謬，會構成不同理解，從而形成新的概念“種差”。這裏，以幾位代表性詩人為例，分析朦朧詩作“空虛”化處理中，對所謂“虛無意識”有哪些不同抒寫：

（1）歷史“空虛化”。這種態度，並不是對歷史本身的否認，而是對敘述歷史的否定，它是對荒誕歷史的深刻反思之後，真正確立現代“人”在歷史長河中的位置的開始。以北島為例，他在暴力歷史的省思中發現“可疑之處”，因此開始了以徹底的否定來肯定自我：“一切都是命運/一切都是煙雲/一切都是沒有結局的開始/一切都是稍縱即逝的追尋/一切歡樂都沒有微笑/一切苦難都沒有淚痕/一切語言都是重複/一切交往都是初逢/一切愛情都在心裏/一切往事都在夢中/一切希望都帶著注釋/一切信仰都帶著呻吟/一切爆發都有片刻的寧靜/一切死亡都有冗長的回聲”（北島：《一切》）。“誠然，可以說，幾乎任何一次‘代’的更替，尤其是在一種暴力關係中的更替，都會在一定程度上對上一代人的歷史作‘空虛化’的處理。但是，在北島那裏，被如此加以處理的不僅僅是上一代人的歷史，而是更爲長久的歷史，甚至，是歷史本身。它出自更爲廣泛意義上的‘虛無感’，而不僅僅是階段性的歷史反叛意識。”20

所以，在北島筆下，歷史和世界一樣是荒涼、破敗的風景，到處是異象、惡兆，如《古寺》中那蛛網密佈的古廟，龍和怪鳥，殘缺班駁的石碑，泥土中復活的烏龜等等。“路從這裏消失/夜從這裏開始”（北島：《島》）這不是暫時的晝夜交替，而是漫漫長夜，似乎不再有黎明的希望，於是有了現代人更孤獨的體驗：“沒有長長的石階通向/那最孤獨的去處/沒有不同時代的人/在同一條鞭子上行走/沒有已被馴化的鹿/穿過夢的曠野/沒有期待/只有一顆石化的種子……/它們等了幾千年/欲望的廣場鋪開了/無字的歷史/一個盲人摸索著未來/我的手在白紙上/移動，沒留下什麼/我在移動/我是那盲人”（北島：《期待》）。如北島的《回答》和《一切》一樣，這裏也是徹底的否定，不同之處是這裏有一種超越歷史、時代的內心體驗。更重要的是，詩人把握住了這種悲劇性內質，“長長的石階”與“最孤獨的去處”、“不同時代的人”與“在同一條鞭子上行走”、“已被馴化的鹿”與“夢的曠野”構成了理想與現實的悖論，也構成了生存的荒誕，而“我”與“歷史”的關係也是荒誕的，顯示了一種超越性的新的歷史觀。可以說，正是這種空虛化的處理，使北島的詩進入了現代人所普遍感受到的生存懸置感受。

（2）文化“逃逸化”。20世紀的藝術觀念中，有一種意見

20　張閎：《北島，或關於一代人的“成長小說”》，《當代作家評論》1998年第6期。

認爲：藝術是一種現實社會所沒有的東西，藝術不是對現實的模仿，而是對未來的啓示性呈示。因此，藝術具有超越性、精神性、無概念性特徵。阿多爾諾在《美學原理》中突出強調了藝術的批判職能，認爲藝術成爲社會的東西毋寧說是因其同社會對抗的立場，它不逢迎現存社會的規範，它通過自己成爲非藝術和反藝術這一事實去批判和抗議這個社會。他同時認爲，現代“文化工業”通過不斷向消費者許願來欺騙文化消費者。這些夾裏在作品中的意識形態純粹是謊言，這些謊言不是直截了當地說出來的，而是用誘惑的方式和錘煉的方式表達出來的。（CF.T.Adorno,Negative Dialectics,New　York: Seabury, 1973; Minim Moralia, London: New Left Books,1974.）　阿多爾諾的對大眾文化的批判，對西方文化價值危機的反思，曾對盛行於歐美的“反文化”運動形成較大影響，也對 20 世紀 80 年代在“反思”名義下的中國文學有諸多啓示。

可以認爲，朦朧詩從“對抗”暴力歷史走向“反文化”，是一種認識不斷深化的自然進程，可能也與自身處境和避開“短兵相接”的生存策略攸關。以顧城爲例，這位童話詩人於 70 年代末期曾以戰鬥姿態脫穎而出，他的作品得到了社會廣泛承認，這是他紅極一時的時期。可是他只像“過客”般地對社會與政治進行了短暫接觸，很快與時代主流分道揚鑣了。這個時期的顧城內心充滿了矛盾，無力承受“盛名”的重負，爲時代謳歌，與社會緊貼在一起使他無法想像與忍受。在極度苦惱之中，他從 1982 年開始創作組詩《布林的檔案》（18 首），直到 1987 年才完成。根據他的敘述，“布林是一個孫悟空，唐吉訶德式的人物，很小的時候就在我心裏搗亂。”他借這個布林，在創作中變成了爲所欲爲的發洩，帶有明顯的“逃逸”文化家園的傾向，並充滿了對世

界的反抗情緒："他們從東邊和西邊向我要錢/他們從南邊和北邊
向我要錢/可是我沒錢/就是有也不給/就是給也不多/就是多也沒
用/因為是假的/因為我沒錢"。[21] 這裏的顧城，已明顯的從時代
和世界中逃離開來，抒寫了一個對俗世厭倦的超越性的"自
我"，顯示出文化逃逸的傾向。

　　（3）經驗"玄學化"。歐陽江河在《'89 後國內詩歌寫作：
本土氣質、中年特徵與知識份子身份》一文中，曾經總結他們這
一代人所經歷的精神轉變："抗議作為一個詩歌主題，其可能性
已經被耗盡了，因為它無法保留人的命運的成分和真正持久的詩
意成分，它是寫作中的意識形態幻覺的直接產物，它的讀者不是
個人而是群眾。然而，為群眾寫作的時代已經過去了。"[22] 其實，
這種強調"介入"的疏離，實際上在朦朧詩後期已經開始，例如
80 年代後期歐陽江河創作的《漢英之間》、《最後的幻象》等作
品，已顯示出詩人對經驗悖論的興趣，而在《玻璃工廠》一詩中，
他又進一步將這種經驗加以"玄學化"："從看見到看見，中間
只有玻璃。/從臉到臉/隔開是看不見的。/在玻璃中，物質並不透
明。/整個玻璃工廠是一隻巨大的眼球，/勞動是其中最黑的部分，
/他的白天在事物的核心閃耀"這種繞口令式的矛盾修辭充滿了
機智，但如果從風頭正健時代的朦朧詩相比，已明顯可以看出沒
落的徵兆，正如張閎指出的那樣：詩中呈現出來的乖謬和"悖
論"，"也許可以看作是我們這個時代的精神上的某種特質或
'病症'。因而，歐陽江河的詩有一種複雜的外表，但它們更接

21　參見張捷鴻：《童話的天真──論顧城的詩歌創作》，《當代作家評論》
　　1999 年第 1 期。
22　歐陽江河：《'89 後國內詩歌寫作：本土氣質、中年特徵與知識份子身份》，
　　《誰去誰留》，湖南文藝出版社 1997 年版。

近於一種戲謔的、看上去有些玄奧的語詞遊戲。”[23]

三、精神蛻變：從朦朧詩到第三代詩

　　八十年代中期，繼頗受爭議的“朦朧詩”概念提出之後，爲了把握越來越迅疾的詩歌現象的變幻，理論界又給出了一個相對“動態”的稱謂：新詩潮。[24] 此時“朦朧詩”在經過一個時期的掙扎以後，已開始屹立於詩壇，而幾乎同時新詩潮自身卻已在悄悄發生重要變化。一些敏銳的詩評家已經留意到：在這股湧動的詩浪潮中，已孕含了一些有異於新詩潮早期創作的“聲音”。例如韓東的《有關大雁塔》[25] 便是一例，這首詩的一開頭便是：“有關大雁塔/我們又能知道些什麼”，謝冕指出這樣的詩句“一方面暗示文化的神秘和它的不可知性，一方面以完全漠然的語言表示對文化的冷淡。”[26]《有關大雁塔》呈現出來的全新的詩歌“風景”，不僅表現出藝術風格上的不同取向，而且較早地透露了觀照歷史和自我的新視角與新的態度。它的情緒基調，與發表於 1980 年楊煉的洋溢理性激情的長詩《大雁塔》構成鮮明的對比。

　　對那些推動新詩潮走向另一階段的一批更年輕的詩人，有人稱之爲“更年輕的一代”、“第三代”、“新生代”，後來有些

23 張閎：《介入的詩歌》，見《語言：形式的命名》，第 312 頁，人民文學出版社 1999 年版。
24 1985 年，謝冕發表《斷裂與傾斜：蛻變期的投影——論新詩潮》，文中指出：“新詩潮——這是我們經過冷靜思考之後提出的當前新詩運動的範疇，——作爲五四新詩運動整體的部分進入新詩創作和新詩研究的領域。”他同時強調：“這是一股不以年齡劃分的代表著詩的整體變革的新潮流……帶著明顯的修復新詩傳統的性質。”見《文學評論》1985 年第 5 期。
25 唐曉渡等編選：《中國當代實驗詩選》，第 204 頁，春風文藝出版社 1987 年版。
26 謝冕：《美麗的遁逸——論中國後新詩潮》，《文學評論》1988 年第 6 期。

研究者又使用了"後新詩潮"、"後崛起"、"後朦朧"、"後現代詩人"等概念，以指稱這些更年輕詩人的各種新詩實驗運動。至於代際之間的劃分，一般沿用的依據是：1985 年春，由四川省東方文化研究學會、整體主義研究學會主辦的鉛印詩刊《現代詩內部交流資料》，它首次設立"第三代人詩會"欄目，同時明確提出：隨共和國旗幟升起的爲第一代人，十年鑄造了第二代，在大時代廣闊的背景下，誕生了我們——第三代人。這種劃分理論，雖然對它的非議仍然存在，但人們卻無法否認："第三代詩"或"後新詩潮"，指稱的是 80 年代以後中國大陸不同於"朦朧詩"寫作傾向與美學風格的一種詩歌實驗潮流。

　　無疑，從詩歌流變角度講，第三代詩人是曾經接受過"朦朧詩"的哺育和滋潤，而漸成"氣候"的新的挑戰者。當年新詩潮曾經是勇敢的挑戰者，現在卻成了更年輕一代的挑戰物件。這種詩歌的"戲劇性"變革，有它的藝術發展的現實必然性：當時的風雲人物如北島、顧城、舒婷、江河、楊煉等人的藝術指向已趨於明朗、穩定和圓熟，藝術革新的銳氣卻日趨減失。文藝批評家們既慨歎詩壇平靜、危機，然而在他們那被陳舊的政治倫理所挾制的審美眼光之外，卻存在著大量令人耳目一新的詩稿以列印、複印、鉛印的方式流傳於民間，"地下藝術空氣熱烈而緊張，與公開見諸報刊卿卿我我的'朦朧'和乾癟的'改革詩'成爲極鮮明的對比。" 27 這種種境況，都逼使有創新意識的年輕詩人重新調整自己的詩歌價值系統和思維方式，拓展新詩的藝術空間和文化語境，從而找到另一條詩歌道路。

　　除此以外，後新詩潮的勃興，也與當時意識形態和商品化畸

----

27 阿拉法特：《巴蜀現代主義思潮》，《詩歌報》1986 年 8 月 21 日。

形交媾的具體歷史境遇有關。隨著中國逐漸接續上世界走向的現代化道路，朦朧詩詩人們所曾擁有的那種社會批判態度與大悲大苦已開始呈露其偏激狹隘的面目，同時初步闖入現代化進程時所產生的短暫興奮也開始消失，代之而起的是被啟動的作為獨特生命個體的真正的自我意識與深刻的人類意識。然而，他們面對的卻是一個"真正平庸的年代"：舊的信仰已經動搖，新的信仰又無法出現的年代，充滿否定之否定，充滿著背謬，但就是無從肯定。於是詩人尤其是青年詩人普遍為某種懸浮感所攫持："活在這個世界上，就常常看不慣。看不慣就憤怒，憤怒得死去活來就碰壁。頭破血流，想想別的辦法。光憤怒不行。想超脫又捨不得世界。我們就撒嬌。"28 他們用"撒嬌"投入一場虛構的語言遊戲，希冀在詩中實現生命和語言的雙重敞亮，最終實現社會抗衡心態的自我超越。

　　眾所周知，後新詩潮形成之初，它是以針對朦朧詩的"嘩變"、"反叛"的面目登場亮相的（第三代詩人選擇"朦朧詩"作為主要的攻擊目標，顯然有其策略上的考慮）。在這種集體性的喧囂聲中，詩壇因失衡而"傾斜"，並呈現出謝冕所言之"美麗的混亂"的景象，也是在所難免的。在當時，面對那種咄咄逼人的"詩場"，甚至連那些新詩潮詩人們也感到了不安：

　　　　"這兩年，朦朧詩剛剛繡球在手，不防一陣騷亂，又是兩手空空。第三代詩人的出現是對朦朧詩鼎盛時期的反動。所有新生事物都要面對選擇，或者與已有的權威妥協，或者與其決裂。去年提出的'北島、舒婷的時代已經 Pass！'還算比較溫和，今年開始就不客氣地亮出了手術刀。"29

---

28 京不特：《撒嬌宣言》，《中國現代主義詩群大觀》，第 175–176 頁。
29 舒婷：《潮水已經漫到腳下》，《當代文藝探索》1987 第 2 期。

　　85、86 年是後新詩潮形成的重要年份，在經歷了與朦朧詩的告別與決裂之後，“第三代詩”開始以整體形象引起人們的注目。

　　詩是人間的精氣神兒，它往往容易引爆各種喋喋不休的爭論。“第三代詩”或“後新詩潮”作爲整體形象踏上詩壇以後，即刻招致了讀者和理論界的種種議論和批評。謾罵者把它視爲“毒蛇猛獸”，給它貼上“痞子運動”、“藝術的敗家子”、“病態”、“黃色”等標籤；也有人崇揚它爲“繼‘五四’新詩運動以後，中國詩歌史上第二次最徹底的反傳統運動”、“它是白話文運動之後的第二次漢語解放運動”30 等等。無論是正面的或負面的批評，都取決於人們對第三代詩的藝術革新的認同態度，而這種矛盾對立最終表現爲審美規範和審美判斷的分野，但首先是意識和觀念上的歧異。

　　後新詩潮的興起而旋成“風潮”，不妨稱之爲詩的“大爆破運動”。它給中國新詩帶來的衝擊是久遠而深刻的：這不僅因爲其人數之多、聲勢之大、衝擊之激烈廣泛，足以構成某種“全方位的喧嘩與騷動”，而且因爲它的介入（這種介入，有人稱之爲是一次“入侵”），帶來了當代詩壇一系列新的、某種程度上更爲深刻的變化。例如老詩人牛漢在閱讀了後新詩潮作品以後，曾經道出了自己的“無所措置”的感受：“這個新生代的詩潮，它的潮頭幾乎撼動了我幾十年來不知不覺形成了框架的一些詩的觀念，使它們在搖晃中錯了位（這個比喻並不恰當），且很難複歸原位。我意識到這個變化會給我今後的創作帶來深遠的影響，必須從框架中走出來。此刻，我不能說已經理解了這些絢麗的新生代的詩作所蘊涵的全部意義，我還沒有足夠的悟解能力來分析研

---

30 王光明：《後新詩潮》，《當代文壇》1999 年第 3 期。

究它們。"[31] 前輩詩人的 "坦言"，很有代表性地說明了這股詩潮給許多人帶來的衝擊力量，也言明瞭第三代詩已經使詩歌的既成定義有了新的突破。

第三代詩人登臺之初，曾經喊出 "Pass 北島"、"打倒北島" 這樣的口號，對諸如此類的激烈言論，我們無須過於當真，因爲藝術上從來不存在誰 Pass 誰、誰打倒誰的問題；但另一方面，這類言辭同樣也隱藏著一個重要的心理—藝術事實，即詩人主體意識不可逆轉的深入進程。"要是把這一詩的現象置於五四時代人的文學和人的詩歌的追求之中加以考察，並確認它是中斷了的五四新詩運動精魂的延伸，我們便會充分理解它的重現所帶來的新的時代意蘊。"[32] 懷疑主義只是其否定的提法，實質性的內涵則是詩人主體意識的全面確立，而這一切又構成了後新詩潮實驗性運動崛起的 "原點"。

自由心靈之獲得，對於任何一位詩人來說是至關重要的。當第三代詩經過對朦朧詩的歷史性揚棄，明確意識到兩者之間的差異與分野，也便同時找到了後新詩潮的 "新的精神漫遊出發地"。有論者指出：新時期以來，中國詩界乃至文學界所發生的第一義精神事件，莫過於從 "類" 的主體意識（大寫的 "人"）的覺醒，到個體主體性（小寫的 "人"）的確立。這正是從朦朧詩到第三代詩所走過的 "向內轉" 的心路歷程。"和歷來某些人們致力於強調 '大我' 與 '小我' 的形而上學的對立不同，我們看到，作爲一個連續發生的顯示過程，它們是不可分割，彼此包容的。前者邏輯地指向後者，後者則揚棄了前者的某種抽象和空

---

31 牛漢：《詩的新生代》，《中國》1986 年第 3 期。
32 謝冕：《斷裂與傾斜：蛻變期的投影——論新詩潮》，《文學評論》1985 年第 5 期。

洞，成為其血肉豐滿的體現，一如瀰漫蒙沌的星雲在急速旋轉中凝聚成無數堅實的天體。若干年來‘實驗詩’之所以顯示出別樣蓬勃的生機和活力，其秘密蓋在於此。"[33] 如果認同這種說法，我們才能充分估價詩從"別人"轉向"自我"、從外部世界轉向內心世界所帶來的"五四以後未曾出現的文學個人化的奇觀"。

文學個人化的景觀，也相應地帶來了一些新的衍生現象：其一，第三代詩人呼吸的是相對開明的社會空氣，他們已普遍從朦朧詩人所背負的痛苦不堪的歷史與民族的記憶和夢魘中滑脫出來，同時也剝離了詩人"貴族化"的形象外衣。他們與風靡一時的流行歌曲以及所謂"在野"藝術家的先鋒畫展並列在一起，共同構成了變革時期的文化形態中最捉摸不定的成分；其二，詩人的個體創作湮沒於混雜、多元的詩人群體"表演"之中，"集體主義行動和寫作"凸顯了各自的藝術個性，由此也使第三代詩駁雜多變得令人瞠目；其三，第三代詩人普遍對藝術理論興趣濃厚，花色繁多的創作理論自成獨立"體系"，如"非非主義"、"整體主義"等詩派提出的藝術主張，有些"口號"已成為"極富自信感與現代色彩的詩化的廣告與廣告的詩化"；其四，對別種文化最新動態的追蹤、"拿來"方面，第三代詩人表現出了超前的敏捷與果敢等等。[34] 這種種現象，一定程度上給後新詩潮抹上了斑駁陸離的"後現代"特徵。

當然這一切還只是後新詩潮的"怪異"所帶給人們的陌生印象，而其真正具有衝擊性的蛻變，卻是發端於詩人精神主體的

---

33 唐曉渡等編選：《中國當代實驗詩選》，第 2–3 頁，春風文藝出版社 1987
年版。
34 于慈江：《朦朧詩與第三代詩：蛻變期的深刻律動》，《文學評論》1988
年第 4 期。

結構性變化。如果留意一下第三代詩，我們就會發現：後新詩潮中的話語主體帶有更多的個人體驗性質，而這才是第三代詩具有"革命性"的"異質"成分。如果我們深入到詩人的主體精神結構律變，特別是將它與朦朧詩人作一比較分析，那麼我們或許更可以找到從朦朧詩到第三代詩的精神蛻變線索。

（一）"非崇高"——"反叛"身份和姿態的確立。當朦朧詩人以"思想者"、"英雄"、"崇高的人格化身"等字眼，宣告"自我"的發現和崛起，使它一開始就具有崇高感。在北島那裏，那種崇高感表現為悲劇感（《宣告》、《結局或開始》）；在江河那裏，表現為歷史感（《紀念碑》、《從這裏開始》）；在楊煉那裏，表現為神聖感（《諾日朗》、《敦煌組詩》）。在第三代詩人看來，這種崇高感已被朦朧詩凝結為某種固定的身份和姿態，而且已日益成為"侵犯"別人自由的"人格擴張"。第三代詩人斷然宣稱"英雄死了"（西方現代文學中的"反英雄"也曾有類似宣稱），現代是沒有英雄的年代。他們比朦朧詩人更關切那個社會與自然之臨界的孤獨的自我。這個"自我"對一切採取無所謂的態度：戀愛、藝術、失敗或成功，都不過是一場生存遊戲。這種"崇高感"和"使命感"的缺席或遁逸，一方面消解了人們閱讀經驗中的詩歌之"神聖感"與美感，另一方面也使後新詩潮顯得不可捉摸的秩序混亂。

與此相關，後新詩潮將一些相應的概念符號置換進眾多"反……"的現代公式，也成為引起眾多爭議的焦點。他們高呼"反文化"、"反崇高"、"反英雄"，最醒目的大旗上幾乎都寫上了"反"字。正如唐曉渡指出的那樣："在這種用語言對抗語言的冒險中，現有'權威'的神聖性或'神聖'的權威性一無例外都遭到了褻瀆（此前'朦朧詩'已經在有限範圍內進行過這樣的褻瀆，不幸的是它如此之快地被納入一場更大範圍的褻瀆之中）。這即便不是冒險者的使命，也是他的特權，儘管有時他會情不自禁地濫用這種特權。一些簡單的或不那麼簡單的‘造反者’及其附庸的混跡者的加入，使‘第三代’詩歌運動像是在進行一場單方面的、不宣而戰的、通過飽和的地毯式‘轟炸’而平地創造廢墟的語言戰爭。"[35] 當然"廢墟癖"並不是後新詩潮的真正靈魂，魚龍混雜，泥沙俱下的局面也不能掩蓋其中的佼佼者在厲行由‘朦朧詩’所開始的詩歌實驗過程中迸射出的異彩。

（二）"回到個人"──本真自我尋求。"回到個人"是"他們"詩派最響亮的口號，詩人認為："生命的形式或方式就是一切藝術（包括詩歌）的依據。生命的具體性、自足性、一次性、現時性和不可替代性必須得到理解。"[36] 而"非非主義"詩派的"反文化"和"還原"理論，本質上也是對"象徵文化"的掙脫，企圖在具體經驗中重返真實的"個人"理論。

回歸個人，曾經是當代詩歌艱難跋涉的旅程。朦朧詩人們針對某種社會意識的荒誕，經過頑強爭鬥獲得了生命個性，但主要凸顯的還是"個體中的群體"部分；而第三代詩人們感受的荒誕感，已明顯從社會荒誕感移向文化荒誕甚至生命荒誕，張揚的是群體中的個體人格。舒婷以詩人敏銳的觸覺，曾經概括過兩代人之間的差異："我們經歷了那段特定的歷史時期，因而表現為更多歷史感、使命感、責任感，我們是沉重的，帶有更多社會批判意識、群體意識和人道主義色彩。新生代宣稱從個體生存出發，對生命表現出更多的困惑感、不安和玄秘。他們更富現代意識，

---

35 唐曉渡選編：《燈心絨幸福的舞蹈──後朦朧詩選萃》序言，北京師範大學出版社 1992 年版。
36 韓東：《〈他們〉略說》，《詩探索》1994 年第 1 期。

超越意識⋯⋯"[37] 辨別和區分這一點是重要的，"人"的意識遷移爲後新詩潮的創造提供了多種可能。

"像市民一樣生活，像上帝一樣思考"曾經是流傳在第三代詩人中的口號。不管它矛盾、虛妄到了什麼程度，但它確實是後新詩潮詩人的"精神自畫像"，同時，也是從這裏開始，後新詩潮逐漸裂變成"民間寫作"和"知識份子寫作"的兩種不同的個人定位：一部分詩人，如于堅、伊沙等爲代表的民間寫作詩人認爲，作爲中國詩人其詩歌的資源應是"中國經驗"，應保持對當前日常生活的敏感，啓用本土最鮮活的語言；而知識份子寫作詩人，如西川、王家新、臧棣等，則強調分享詩歌資源，與西方詩歌接軌，"詩歌創作應超出時代，如果與時代沒有距離，就產生不了偉大的詩人。"[38] 不管是民間寫作還是知識份子寫作，不論是自娛還是娛人，都是在朦朧詩"收復"個人以後，第三代詩人對詩歌寫作更深地進入它的多維向度的探索。

（三）"冷風景"──人與世界關係的新發現。在前面的論述中我們已經指出，朦朧詩人從自身的歷史經驗中已經體認到詩人作爲社會"邊緣人"的角色尷尬，但他們的入世精神和救世情懷使他們仍然在社會邊緣掙扎，試圖以話語方式重返中心。置身二十世紀末，一個以消費和大眾傳媒爲主導的文化時代已經到來，第三代詩人卻從個人的經驗中更深切地發現：作爲知識份子的那個"個人"，在現代社會中越來越向"邊緣位置"滑落。有論者指出："知識份子的邊緣性本來是現代社會的一個重要特徵，這既是政治──文化一體化的社會體制解體後的被拋現象，也是覺醒的現代知識份子主動撤出中心文化地帶的表現，這些人

---

37 舒婷：《潮水已經漫到腳下》，《當代文藝探索》1987 年第 2 期。
38 田誦：《關於新詩發展方向又起爭端》，《中國青年報》1999 年 5 月 14 日。

在現代社會形成了一個‘自由漂浮’的階層，以獨立的意識，智力的自治和民主，開放的結構形態，在社會生活中發揮著獨立的批判，甄別預測和文化建構的功能。”[39] 不管是“主動撤出”或無奈“被拋”，總之，第三代詩人在文化譜系和個人的經驗中確認了自己的社會位置和心靈位置，他們終於在遠離中心的邊緣位置上對號入座了。對這種“邊緣人”境況的自我意識，在於堅的一句戲語中被比喻爲“站在餐桌旁的一代”，它令人困窘難堪，卻也使現代詩人們獲得了更多創造或破壞的可能。

　　“邊緣人”身份進一步確認，在第三代詩中鮮明地構成了人與世界的“冷風景”。楊黎在同名詩歌中寫道：“天全亮之後/這街上寧靜看得清楚”，這裏，郭沫若詩歌中綺麗的“街市”景象被剝落了全部詩意和溫暖，完全是一種冷在內心的現代風景；而韓東的《大雁塔》的最後一段：“有關大雁塔/我們又能知道些什麼/我們爬上去/看看四周的風景/然後再下來”，也完全擱置了“歷史的文化銘刻”，在灰冷、淡漠的句子裏抒寫了人與世界關係的“斷裂”。大量的第三代詩歌都一再凸顯“精神逃亡”的母題，並在詩裏肆意折騰、調侃，或宣洩荒誕、悖謬的“世紀末”情緒，都是“邊緣人”那種無法忍受之痛造成的，當然也招致了一些“老派”詩人的批評：“今天我們有些所謂‘先鋒’詩人以醜陋的形象和扭曲的語言塞在詩中，以爲因此那作品就能進入先鋒的殿堂。年輕詩人偏愛以醜與邪惡來宣洩，作爲一種文藝心理，是有其社會原因的；另外又有一些校園詩人竭力寫得纖巧、瀟灑，因此其抒情如雲如霧，輕而淺，且常受流行歌曲或片頭歌的影

---

39 王光明：《艱難的指向——新詩潮與二十世紀中國現代詩》，第 102 頁，時代文藝出版社 1993 年版。

響。"[40] 這種評論，或許是對現代詩略顯隔膜的誤讀，但至少也說明：以"冷風景"爲特色的現代詩，是喚不來部分讀者的"熱心腸"的。

　　現代中國真是瞬息萬變，朦朧詩人大放異彩之後沒幾年，很快就被更年輕的一代取代了。確實，與一輩子享譽詩壇的詩人相比，屬於朦朧詩的詩歌時代實在太短、太倉促了，大約只有七八十年代之交的短短七、八年（所以有人說，朦朧詩構成了英雄時代的挽歌！）。從八十年代中期開始，朦朧詩人已由振臂一呼的英雄成爲一些普通詩人了，他們的聲音已被另一些聲音掩過。

---

40 鄭敏：《我們的新詩遇到了什麼問題？》，《詩探索》1994 年第 1 期。

第四章　朦朧詩的詩學觀念

　　什麼是詩歌？什麼是詩人？任何一個時代的文學藝術都會以自己的理論和實踐回答、詮釋，並不斷追問著這兩個帶有根本性的問題。考察古今中外詩歌藝術史，一個有創造性的時代或詩人，無不首先在觀念形態上建構詩學理念，重鑄詩魂，拓展對詩歌的本體性認識，為藝術革新注入動力和活力，最終形成具有時代特徵的詩歌風貌。

　　作為一股新生的藝術變革力量，朦朧詩不僅以其批判性主旨劃清了與中心意識形態的界限，從而建構了以自由精神文化為特徵的話語空間，而且伴隨著 "人" 的覺醒，斷然與陳腐、僵硬的美學範式決裂，逐漸萌生出具有現代意味的審美意識和詩歌觀念。正是由於這種深度裂變催生出的 "新質"，呈現出當代詩歌創作不斷追求藝術新變的特色，從而使中國當代詩歌從總體上告別了五六十年代已趨於定型的 "古典加民歌" 的抒情言志模式，引發詩歌理論的不斷革新變化，開創了一條不斷追求藝術變革與詩歌現代化的通道。

一、核心理念：探尋詩歌現代化之途

　　在緒論中，我們已經從現代詩建構與批判性主旨確立的關係角度，分析了兩者之間的內在關聯，認為以批判性為主旨的朦朧詩穿越近三十年的斷層峽谷，重新與現代詩歌藝術對接，既有對現實介入的需要，也有主題切入之因素；與此同時，朦朧詩的批判性向現代詩移植，也與詩人"向內轉"的心路歷程，以及藝術發展的自身訴求有關。在這個論述思路中，我們主要從自由精神文化與藝術選擇之間的內在肌理，揭示了朦朧詩探尋和趨向詩歌現代化的心路歷程。這裏，我將換一個視角，著力從中國當代詩歌的歷史轉換以及詩學觀念的嬗變軌跡中，辨析朦朧詩所凸現的核心理念，尋找藝術革新和趨近詩歌現代主義的內驅力。

　　20世紀七、八十年代，圍繞朦朧詩的論爭無疑是一個重要的文學事件，也是一個重要的社會文化事件。這場通常被泛稱爲朦朧詩問題的討論，從七、八十年代之交一直延續到80年代中期前後，堪稱詩學發展中最爲引人注目、涉及問題最多、最具實質性，因而也對詩歌和文學發展最具有影響力的有關詩歌問題的討論。這場討論首先是由對所謂"新潮詩人"的詩歌作品的認識和評價問題開始的，繼而又擴展到關於詩的"朦朧"和"朦朧詩"問題的論爭。對於這次討論，當時爭論的"焦點"即關於"朦朧詩"的概念和如何看待詩歌的"朦朧"問題，其實並無多少新的理論價值，或者可以說是詩學中的"假"或"僞"命題，但其蘊涵的對"問題"的追問，卻又有相當高的理論價值。透過"朦朧"的表象，一些敏銳的批評家已經發現：所謂"朦朧"問題，實質上是詩人所持的人生哲學和藝術哲學問題，"因爲所謂詩的'朦朧'與'難懂'的問題，從根本上說，仍然不外乎是它的思想內容難以理解和藝術表達難以接受兩個方面。這兩個方面的問題，前一個方面涉及到的無疑是詩人以何種人生哲學看取社會人生，他（她）的思想感情是否合乎某種普遍的思想和政治規範。後一個方面涉及到的則是詩人以何種藝術哲學從事藝術創造，他（她）

的藝術表達方式是否合乎某種藝術和審美規範。因而這兩個方面
的問題涉及到的實質上都是一個規範與反規範的衝突問題。"[1]
這樣，關於詩的"朦朧"和"朦朧詩"問題的討論必然進入更深
層次的詩學理論探討。

　　作為朦朧詩人在理論上的代表，謝冕、孫紹振和徐敬亞以挑
戰的姿態，毅然用"三個崛起"[2]為處於聲討包圍之中的"新詩
潮"作命名和辯護，並把由朦朧詩所代表的一種"新的美學原
則"，與當代詩歌長期以來所遵循的陳舊的美學規範之間的對立
與衝突，鄭重地提到人們面前。詩人徐敬亞曾以充滿激情的話語
描述這種詩歌藝術新質破土而出的詩歌事件：

　　　　我鄭重地請詩人和評論家們記住 1980 年，（如同應該
　　請社會學家記住 1979 年的思想解放運動一樣。）這一年是
　　我國新詩重要的探索期、藝術上的分化期。詩壇打破了建國
　　以來單調平穩的一統局面，出現了多種風格、多種流派同時
　　並存的趨勢。在這一年，帶著強烈現代主義特色的新詩潮正
　　式出現在中國詩壇，促進新詩在藝術上邁出了崛起性的一
　　步，從而標誌著我國詩歌全面生長的新開始。

　　儘管以一個自然年度刻量新詩潮的出現和詩歌藝術更替的
歷史，難免有膠柱鼓瑟之嫌，但這些理論家對於當代詩歌不斷走
向"衰亡"的憂慮和朦朧詩帶來的詩的"轉機"的興奮卻是真切
的。此時，一些具有變革意味、視野相對開闊的詩歌理論家已經
注意到，在十年動亂中"幾乎被異化到娼妓"地步的詩歌藝術，
儘管在"文革"結束後的最初幾年得到了"奇蹟般的甦生"，儘
管"五四"以來的藝術傳統幾乎全面地得到了恢復，因此出現了

---

1 于可訓：《當代詩學》，第 145 頁，湖南人民出版社 2000 年版。
2 于可訓：《當代詩學》，第 145 頁，湖南人民出版社 2000 年版。

"六十年來少有的繁榮局面"，但是，在變動不居的社會心理面前，"短短幾年！覺醒了的詩人們又親眼目睹了大量詩篇曇花一現的衰亡史"。"當直接干預生活的政治性興奮消逝之後，敏感的詩人們便把思考的方向逐步轉向了詩歌本身"，"於是中國的詩人們不僅開始對詩進行政治觀念上的思考，也開始對詩自身的規律進行認真的回想。"其積極的成果是，"1980 年初，正當詩歌理論界還仍在詩的週邊作戰的時候，刊物上已經開始零星地出現了引人注目的、角度新穎的詩。""如果說 1979 年新詩主要在內容上得到了成功，那麼 1980 年，詩則獲得了藝術上的全面進取，這是一次新鮮萌芽的豐收"。[3]

　　在我看來，這場不乏"火藥味"的詩歌大討論，論爭的雙方扭結於對新詩潮的態度和評價上，其實都雖已觸及，卻未必清醒意識到一個更深層次的問題，即當代詩歌如何接續傳統，以及接續哪一種傳統的問題。可以說，恰恰是對於"傳統"的不同認知，標明了兩種截然不同的詩歌價值觀念和美學趣味的分野和衝突。一種是以"原旨主義"闡釋學和極端政治化評價為重要特徵的傳統觀，他們把當代詩歌歷史限定在政治化的詩歌理論原則內，認為詩歌創作的意義和價值與一定時期的社會發展（社會主義事業）和政治活動（黨在一定時期的中心工作）具有直接關係，實際上仍然奉行的是"文學為政治服務"的政治思維模式。在他們看來，如果中國當代詩歌繼承和發揚五四新詩以來的"革命的、進步的和積極的、健康的"現實主義傳統，就能迎來中國詩歌的美好未來。他們的美學觀念是從五、六十年代風行一時的"古典加民歌"的模式中衍化出來的，在權威性的批評中更被奉為圭臬，

3　徐敬亞：《崛起的詩群——評我國詩歌的現代傾向》，《當代文藝思潮》1983年第 1 期。

視爲"詩歌革命"的新的基礎和方向。這種"原旨主義"特色的傳統觀配合中心意識形態宣傳，以權威、欽定的姿態拒絕接納新詩歷史和當代詩歌中具有異質性的非現實主義因素，將其拒之於對新詩傳統的歷史繼承之門外。鄭伯農的文章《在崛起的聲浪面前——對一種思潮文藝的剖析》是這種體制性話語的代表，不僅在重慶詩歌討論會上被人宣讀，而且在兩報兩刊同時發表。[4] 這篇"檄文"毫無置疑地把"三個崛起"推向了新詩"歷史"和"傳統"的對立面，詩的問題也因此在"文革"後再次成了新的政治問題。他認爲"三個崛起"的共同之處是"都否定中國的新詩所走過的道路，主張改弦更張；都要求中國的詩歌步西方的世界的後塵，發展現代'傾向'"，所以這個問題也理所當然是一個"如何對待六十年來的革命新詩傳統，如何看待今後新詩的發展道路"的問題，是在"摒棄傳統，走西方現代主義的道路，還是繼承革新五四以來的新詩傳統，走具有中國特色的社會主義文藝道路"之間作出抉擇的問題，因而這個問題最終就是"詩歌要不要堅持社會主義旗幟的重大問題。"顯然，"原旨主義"闡釋學對"傳統"的理解，是將其限定在政治意識形態框架內的，因此所謂"傳統"也就成了藝術保守主義的代名詞。

　　主張藝術革新、同時也爲新詩潮"鼓與呼"的詩歌理論家也有自己的傳統觀，不過他們對傳統的理解，出自於較開闊的文化、藝術視野，特別是源於對新詩歷史和現狀的理性思考。革新派的

4　1983 年 1 月 7 日，《當代文藝思潮》編輯部邀請蘭州地區詩歌作者、評論家、高等學校教師、文學編輯和共青團幹部三十多人召開討論會，1 月 10 日，該刊又與中國文聯理論室在北京聯合召開座談會。10 月 4 日至 9 日，重慶詩歌討論會召開，鄭伯農論文《在崛起的聲浪面前》在會上被代爲宣讀，並發表於《當代文藝思潮》1983 年第 6 期、《詩刊》1983 年第 12 期，後又在《文藝報》、《光明日報》上刊載。

詩歌理論家也主張恢復五四以來的新詩歷史傳統，並不遺餘力地為恢復、重建這一傳統所代表的文學和文化精神大聲疾呼，但他們所指認的五四新詩傳統，是一個相容並蓄、開放多元和不斷革新豐富的傳統。謝冕就曾深刻地指出：五四詩歌革命所開創的"傳統"，其最可寶貴之處就是五四詩人"具有蔑視'傳統'和勇於創新的精神"，"他們生活在一種無拘無束的自由開放的藝術空氣中，前進和創新就是一切。他們要在詩的領域中扔去'舊的皮囊'而創造'新鮮的太陽'"。而且與保守主義的傳統觀不同，他認為五四以來的新詩，既有作為主流的現實主義傳統，還存在著各種非現實主義的異質因素，尤其是對新詩的發展起著推動作用的現代主義詩歌潮流，在新詩發展史上客觀上已成為與主流的現實主義並行不悖、相互補充的重要傳統。而後來"我們的新詩不是走著越來越寬廣的道路，而是走著越來越窄狹的道路"，其一個重要原因就是片面地拋棄了現代主義傳統，"不約而同地都忽略了新詩學習外國詩的問題"，"這是受我們對於新詩發展道路的片面主張支配的"後果。[5] 謝冕等人的觀點見諸與"原旨主義"闡釋學的論爭中，可能有失之偏激和不夠客觀之處，但他把新詩傳統與藝術革新精神聯繫起來，並且指明傳統具有多元性和開放性，卻是真正深刻的見地。

如何全面地認識"傳統"？如何釐定詩的創造中"傳統與我們"的關係？艾略特在他的重要論文《傳統與個人才能》中，系統地闡述了他對傳統的看法、傳統在藝術創造中的作用以及傳統與詩人、作家之關係。他的觀點，已成為文學理論中有關"傳統"的經典性表述：

---

5 謝冕：《在新的崛起面前》，《光明日報》1980 年 5 月 7 日。

　　如果傳統的方式僅限於追隨前一代，或僅限於盲目的或
膽怯的墨守前一代成功的地方，"傳統"自然是不足道
了……傳統的意義實在要廣大得多。它不是承繼得到的，你
如要得到它，你必須用很大的勞力。第一，它含有歷史的意
識，歷史的意識又含有一種領悟，不但要理解過去的過去
性，而且還要理解過去的現存性；歷史的意識不但使人寫作
時有他自己那一代的背景，而且還要感到從荷馬以來歐洲整
個的文學及其本國整個的文學有一個同時的存在，組成一個
同時的局面。這個歷史的意識是對於永久的意識，也是對於
暫時的意識，也是對於永久和暫時的合起來的意識。就是這
個意識使一個作家成爲傳統的。同時也就是這個意識使一個
作家最敏銳的意識到自己在時間中的地位，自己和當代的關
係。6

很明顯，艾略特的傳統觀是建立在全面的"歷史意識"之上
的，而不是對某一段歷史、某一個側面的割裂。它既包括一種深
邃而"永久"的文化精神，也包含近時段的、"暫時"的文學遺
產，以及所有這一切的藝術和技藝傳承。因此，只有建構於將"永
久和暫時的合起來的意識"的傳統，才能使文學藝術"意識到自
己在時間中的地位"，這才是獨特而全面的傳統觀。由此反觀當
代詩歌，如果斷開五四以來中國新詩的全部歷史，以及現實主義
以外的全部傳統，那麼長期以來奉行的原旨主義闡釋的傳統顯然
是片面的，而且勢必導致當代詩學的危機："三十年來的詩歌藝
術基本上重複地走在西方 17 世紀古典主義和 19 世紀浪漫主義的
老路上，從 50 年代的牧歌式歡唱到 60 年代理性宣言相似的狂熱

---

6 艾略特：《傳統與個人才能》，見楊匡漢、劉福春編：《西方現代詩論》，
　　第 73—74 頁，花城出版社 1988 年。

抒情，以至於‘文革’十年中宗教式的禱詞——詩歌貨真價實地
走了一條越來越狹窄的道路。"[7] 因此，重新認識和詮釋傳統，
繼承和發揚"五四"以來新詩真正優秀的傳統，同時爲新詩潮發
展尋找合理的歷史依據，自然成了推動中國詩歌現代化的當務之
急。

　　眾所周知，中國現代主義詩歌傳統，是伴隨著西方象徵主
義、現代主義思潮在中國的傳播介紹而建立起來的。從胡適最初
在海外宣導"詩國革命"，自覺接受意象主義詩歌影響開始，歷
經"茫然嘗試的先驅者"——初期象徵派詩人李金髮，經過東方
民族的象徵派詩的創造者戴望舒、卞之琳，到 40 年代的馮至的《十
四行詩》，以及"九葉詩派"所代表的"詩的新生代"詩人群系，
中國的現代主義詩潮，同以郭沫若爲代表的浪漫主義詩潮，以艾
青爲代表的現實主義詩潮一起，構成了中國詩歌最初三十年裏中
國新詩發展的一個重要傳統。儘管從 20 年代中期開始，一連串重
大的政治事件接踵而至，在光明與黑暗的交戰中，"中國往何處
去"這一現實問題成了人們普遍關心的問題，而 30 年代後期，抗
日戰爭爆發，啓蒙的任務被救亡所壓倒，現代主義遠不像現實主
義那樣有堅實的社會基礎來支撐，也使一些現代派詩人離開"現
代"，走進了現實。新中國成立以後的五六十年代，由於戰後國
際冷戰格局的形成和國內日漸明顯的意識形態的影響，西方現代
主義文學成了西方資產階級意識形態在文學領域的代稱，從而被
賦予了"腐朽"、"沒落"的政治本質定性，這樣，除了極少數
知青詩人的"地下探索"之外，現代主義詩歌傳統在中國詩壇基
本宣告絕跡了。

---

7 徐敬亞：《崛起的詩群——評我國詩歌的現代傾向》，《當代文藝思潮》1983
　年第 1 期。

　　孫玉石先生在考察現代主義詩歌流變時，曾不無深意地指出："藝術發展歷史的傳統，比起社會歷史的變遷來，更具有其自身的'連貫性和內聚力'。儘管這裏可能有時空的差異，有審美觀念的差異，但是，現實的藝術探索往往在一個新的層面上使某些歷史的影子重新浮現。"儘管現代主義詩歌在承襲西方現代主義的世界觀和藝術觀上，招致了政治意識形態的責罰和否定，但人們不能否認：中國現代主義詩潮"內接中國傳統詩歌注重含蓄內蘊的一路，外近世界詩歌以新的藝術方式貼近現代生活脈搏的新潮"，已經形成了一種民族詩歌的基本範式。[8]

　　新詩潮或朦朧詩與中國現代主義詩歌傳統和西方現代主義傳統的繼承和對接，既有批判性主旨表達之需，同時也是吸收、消化和融匯詩歌"傳統"的自覺追求。即使是最嚴厲地抨擊新詩潮的批評者也已經注意到：新詩潮"是十年內亂後遺症和對外開放帶來的新問題相結合的產物"，"十年內亂後遺症的存在爲現代主義思潮提供了傳播的土壤，現代主義思潮爲思想迷惘的人提供了精神藥方。於是中國式的現代主義'詩潮'就應運而生"。[9]事實也是如此，儘管朦朧詩人也未必清醒地認識西方現代主義文學的"文化特質"，但他們從"文革"政治高壓、思想禁錮和人性扭曲的歷史中，卻直接體驗了如同西方現代主義作家和詩人在高度發達的工業文明和日益細化的社會體制的雙重壓力下，所經驗的現代人的孤獨、荒謬的人生境遇和感受。在不同的世界和文化面前，東、西方詩人卻不期有著共通的懷疑和反抗，共通的精

8　孫玉石著：《中國現代主義詩潮史論》，第 6 頁，北京大學出版社 1999 年版。
9　鄭伯農：《在"崛起"的聲浪面前──對一種文藝思潮的剖析》，《詩刊》1983 年第 6 期。

神失落和信仰危機，以及共通的迷惘和幻滅，這種異構而同質的精神契合，自然使朦朧詩人會在西方語境中尋找"知音"，實際上也是重複著中國早期現代詩人的"西學東漸"的文化宿命。誠如接受美學的宣導者 H.R.姚斯所言："人使自己的歷史成為自身。"同樣不可忽視的是，朦朧詩同 40 年代末以前的中國現代主義詩潮之間，也存在著這種割不斷的歷史聯繫。據朦朧詩詩人的歷史回憶，當時幾個最活躍的詩人，如郭路生、北島、舒婷等，他們經常交往的就是何其芳、艾青、蔡其矯等"現代詩人"，而閱讀最多的則是李金髮、穆旦、卞之琳等具有濃郁現代主義色彩的詩人作品。

在我看來，朦朧詩以激烈的反傳統姿態，其實也掩蓋了自己對某種現代詩歌"小傳統"的繼承的事實。像五四詩歌一樣，最優秀的朦朧詩人也很清楚 "傳統"的力量："五四以後新詩的一點成績，除了外國文學的直接推動以外，五四詩人'去古未遠'也是一個不應忽視的因素。同樣， '朦朧詩'的一點成績，除了他們能夠看到當時絕大多數中國人看不到的'內參讀物'之外，現代詩歌的小傳統也是一個不容忽視的助力。" 10 有關這個問題，以往的朦朧詩批評者往往被其"反傳統"的口號所遮蔽，而忽視它對接傳統的一面。

80 年代中期，謝冕曾對中國新詩潮的變遷作過一個比較系統的回顧與總結。他在檢視新詩潮對"斷裂"的新詩傳統進行"修復"的過程中出現藝術的"傾斜"之後，認為："新詩潮不是孤立的。它對於不合理的斷裂的'修復'，以及在'修復'過程中的合理的傾斜，鼓湧著的是藝術更新的野性的力量。這種力量目

---

10 郜元寶：《離開詩》，《當代作家評論》2002 年第 2 期。

前已在藝術的各個領域展開。新詩潮預示的是中國藝術悄悄革命的最初資訊。"[11] 當朦朧詩接續並以自己的創作實踐和理論啓動了"傳統"，當代詩歌便沿著詩歌現代主義的方向不斷探索，逐漸建構起具有現代意味的審美意識和表達形式。

　　鑒於朦朧詩人所處的"精神斷乳期"的時代特點，他們的獨特經驗和思維方式都有一定的特色。細加梳理，主要表現爲：其一，由於朦朧詩人在"歷史的意識"中處於承接傳統、創造未來的"臨界點"，因此其主要的使命是通過藝術創造與混亂平庸的現實世界相抗衡，在北島的表達中就是所謂"詩人應該通過作品建立一個自己的世界，這是一個真誠而獨特的世界，正直的世界，正義和人性的世界。"這個世界顯然具有社會功能性質。其二，在審美意識方面，朦朧詩有意或無意地與沿襲已久的現實主義範式拉開距離，其超越性的"經驗的質"，如孤獨、迷惘、焦灼、荒謬的心靈體驗，無疑具有現代主義色彩，並呈現了向未來敞開的可能空間；其三，朦朧詩人的自我意象中，猶如被社會放逐的"邊緣人"，這種無所憑依的主體身份使他們感到有義務不顧一切地去創新突破，掙脫任何傳統範式的束縛，顯示出文化選擇的新趨向。這些意向，不可否認地奠定了朦朧詩在當代詩歌向現代轉型過程中的重要地位，其意義可能隨著時間的推移還會越發呈現出來。

　　幾乎命定的是，新詩潮詩人在尋求詩的現代性之時，也留下了詩的"危機"。創造與破壞、尋找與丟失、建構與隱憂的矛盾，不可避免地成爲了新詩潮發展的悖論之一。在我看來，朦朧詩在詩歌現代化進程中預設的"歷史包袱"，歸根到底顯示在它的雜

---

11 謝冕：《斷裂與傾斜：蛻變期的投影──論新詩潮》，《文學評論》1985年第 5 期。

糅特徵裏：首先，從與時代關係看，朦朧詩主要"反動"的物件是現實主義創作方法和"古典加民歌"的藝術模式，這些物件在他們闡述詩歌的"現代"特徵時成了直接的參照物和"對立面"："現代詩歌，將在一定程度上排斥所謂的'現實主義'創作方法。""他們（指新詩潮詩人）共同地向沒有腳印的地方走，共同地把'古典加民歌'派作爲區別對象。"12 如果只是現實策略之需，尚可理解，但朦朧詩顯然有繼承傳統的片面性：它在繼承現代主義傳統的同時，卻也無情、極端地拋棄了具有深厚文化底蘊的現實主義傳統和民間傳統，而這些傳統本來並不妨礙當代詩歌的現代化建設，而只是需要作清理和揚棄，使之爲我所用。可以說，現代詩歌在朦朧詩之後越走越狹窄，以至進入死胡同，確實與另一種片面繼承傳統有關。在營養單一、格局狹小、歷史簡短的貧瘠的現代詩土壤上，是很難長出根深葉茂的偉大詩歌的，也很難出現偉大的現代詩人的。

其次，從與文化的關係看，作爲一個真正的詩人，或一個出色的詩歌流派來說，他應該把握人類自身的根本方面，探索人與歷史、人與自然、人與社會以及人與人的本體命題，而不是簡單地描繪一個不可能實現的烏托邦理想情景，更不應該只流連於外部，詠歎社會造成的災難與不幸，"它必須從人文精神出發，根本上抱著探究的態度，既懷疑和批判社會，也懷疑和探究自身。"13 而新詩潮在這方面明顯匱乏，他們陷於"文革"的夢魘中不能自拔，勾連於以"吶喊"抒寫"現代"、以"反傳統"訴求"藝

12 徐敬亞：《崛起的詩群——評我國詩歌的現代傾向》，《當代文藝詩潮》1983 年第 1 期。
13 王光明著：《艱難的指向——"新詩潮"與二十世紀中國現代詩》，第 77 頁，時代文藝出版社 1993 年版。

術"的圈套,最終在詩的人文精神深度探詢方面令人遺憾地中止了。

再次,從知識結構看,朦朧詩人的現代主義的知識準備也明顯捉襟見肘。雖然新詩潮一再誇耀自身的現代主義風格,而從他們的自傳性文字看,例如多多的《被埋葬的中國詩人》、舒婷的《生活、書籍與詩》、楊煉的《第一次回顧》、顧城的《少年時代的陽光》、林莽的《心靈的歷程》等,不難發現破綻:他們真正接受的還只是西方早期現代主義特別是象徵派的啓迪,他們所瞭解的西方現代派作品和理論只能說開闊了眼界和思維,而很難說是現代主義哺育起來的詩人。因此,朦朧詩所包含的現代意向,與其說是受到西方現代派詩歌的影響,不如說是來自一代人的經驗、情感和願望表達的衝動;他們對現代主義傳統的理解,顯然有其局限性,只是到了新詩潮後期即社會變革、門戶開放後,這種情形才有所改觀。

二、重塑詩魂:生命與藝術的會通

朦朧詩通過對歷史與現實的審視,以批判性話語的形式,從國家或群體中分裂出"人"的主體地位。這種人的觀念遷移,有著當代生活變化的邏輯依據和現實基礎,其價值在於"揭示了'人'的存在,而這種'人',曾經是被取消了的"。[14] 在藝術層面上,這種"人"的價值命題轉化,也帶來了詩人對於詩的功能理解的巨大變化,例如楊煉就意識到:"詩應當努力去深入人本身、人的心靈,這是又一個世界,——又一個比物質的世界更紛繁、更複雜、更變化莫測而又不具形體的精神宇宙。"緊接著,

---

14 謝冕:《失去了平靜之後》,《詩刊》1980 年第 12 期。

他又表明對於作爲抒情主體的“詩人”的獨特理解：“我永遠不會忘記作爲民族的一員而歌唱，但我更首先記住作爲一個人而歌唱，我堅信：只有每個人真正獲得本來應有的權利，完全的互相結合才會實現。爲了這個全人類的共同歸宿，我宣告：我的詩屬於這場鬥爭。”[15] 這種告白說明，朦朧詩人已經注意到詩的功能喪失和異化，是與人特別是個體的人的功能喪失和異化直接聯繫的，因此，在“人”的價值得以回歸之後，企望在詩中恢復詩人的主體地位，重建作爲詩的抒情主體的詩人形象，並尋求生命與藝術的會通，就成爲鑄造現代詩魂的新的詩學起點。

主體（Subject）作爲現代哲學的“元話語”，標誌著人在同客體(Object)之絕對對峙中的擁有中心地位和爲萬物立法（“人是萬物的尺度”）的先驗性特權。無論是笛卡兒之以主體表示人的精神，洛克和休謨把主體看作獨立於社會和歷史的主體存在物，抑或康德之把“經驗主體”和“先驗主體”歸結爲“主體性”，它們的核心要義均在於對主體的無尙崇奉和絕對自信。[16] 在第二章有關論述中我們已經表明，以朦朧詩爲代表，新時期文學基於特定歷史時期所有的現實願望，從康德等西方 “主體性”哲學話語中，汲取以“啓蒙”、“理性”、“個性自由”爲旗幟的近代思想啓蒙運動的成果，最終匯成了以追尋與建構“主體性”和大寫的“人”的形象的精神主流。這種文學時潮，一方面承接了中國現代文學之科學、民主、啓蒙等精神傳統，另一方面則意味著“人”和文學雙重“主體性”建構的開始。

“主體性”哲學命題歸結到詩的功能層面上，可以簡約爲如何處置詩歌中的抒情主體，即“表現自我”問題。詩，作爲一種

15 楊煉：《從臨摹到創造——同友人談詩》，《詩探索》1981 年第 1 期。
16 陳旭光：《中西詩學的會通》，第 292 頁，北京大學出版社 2002 年版。

抒情文體，不能沒有抒情主體的"自我"存在，也不能沒有主體性"自我"的獨特的生命體驗。這是詩學的常識問題。但是，由於長期以來極端政治化的影響，1950 年代以來的詩歌被賦予了特定的政治內涵和道德化理解，"主體"逐漸在主、客體關係的哲學範疇中被放逐，"自我"也被理解為資產階級個人主義和主觀唯心主義的政治性代名詞，"表現自我"也就成了與中心意識形態相抵牾、對立的藝術表達方式。當朦朧詩在時代性的覺醒之中，追尋與建構"主體性"和大寫的"人"形象，"表現自我"也就特別醒目地寫在朦朧詩升起的風旗上。例如，北島認為："誰也不能給詩下一個確切的定義。詩沒有疆界，它可以超越時間、空間和自我；然而，詩必須從自我開始。"田曉青也說："詩人就像是原始時期的祭司，試圖用一個形象使自己的神顯現……有多少個祭司，就有多少位神。詩歌表現為強烈的個性，即使詩人竭力擺脫個人感情，他仍必須用一種非常獨特的方式表達世界，否則就沒有詩。"[17] 楊煉則認為："詩人以自己的要求和願望為世界'立法'，他的'位置'是作品中主宰的位置——詩離開了綜合和概括就離開了生命，概括使詩具有連結所有心靈的普遍意義。常常是這樣：一種大家共同感受到的'人生體驗'，由於詩人深刻獨特的表現，在讀到它的人心中喚起一種不可言說的強烈的潛意識衝動，這是區別一首'詩'是否具有詩意的真正標誌。"他由此斷言：詩"不是描寫，而是表現，不是簡單的反映，而是詩人內心活力的外在形式。"[18] 這些詩人的"宣言"無一例外地表明，他們已經衝破了無"我"的現實主義畫框，實現了詩歌把握世界方式和觀念的根本轉移。

---

17 北島、芒克主編：《今天》1980 年第 3 期。
18 楊煉：《第一次回顧》，《當代文學研究資料》1981 年第 8 期。

　　儘管朦朧詩人拒絕並"不屑於做時代精神的號筒"，[19] 但他們的情感、獨特之"思"和情懷，以及背負的孤獨和痛苦，仍然通過時代精神之象徵的大寫"人"或"自我"表現出來了。朦朧詩話語中，它抒寫的"自我"原型，大致有以下幾類詩學形象：(1)以北島爲代表，建構了懷疑者和挑戰者的自我形象。"我"發現了："卑鄙是卑鄙者的通行證/高尚是高尚者的墓誌銘"，發現了"以太陽的名義/黑暗在公開掠奪"的殘酷真實。"自我"還膽大妄爲地向正統和權威的世界挑戰："告訴你吧！世界/我——不——相——信"（北島：《回答》）。(2)以舒婷爲代表，建構了向異化人性抗爭的自我形象。"我首先必須反抗的是/我對牆的妥協/和對這個世界的不安全感。"（舒婷：《牆》）(3)以顧城爲代表，建構了純潔、天真、對兒童王國充滿期待的自我形象。"我"要用自己的詩歌"去驅逐罪惡的陰影"，去"照亮甦醒或沉睡的人們的心靈"，"爲了下一代比我們更高大，我們需要更多、更大、更潔淨的窗子"[20] (4)以江河、楊煉爲代表，建構了深沉、莊重、反思著，並把整個古老民族的思考化爲自己的思考的思想者的自我形象。江河說："我想/我就是紀念碑/我的身體裏壘滿了石頭/中華民族的歷史有多沉重/我就有多少重量/中華民族有多少傷口/我就流出過多少血液。"（江河：《紀念碑》）楊煉則說："我要爲人民的苦難深思，燃燒和吶喊。"[21] 從這些詩或詩人的告白中可以發現，朦朧詩已經實現了把時代的大悲大喜轉換成獨白式的自我沉吟，詩中或隱或現走出的一個"我"字，也意味著詩人生命與藝術的初步融合。

---

19 孫紹振：《新的美學原則在崛起》，《詩刊》1981 年第 1 期。
20 顧城：《"朦朧詩"問答》，見《青年詩人談詩》，第 38 頁。
21 楊煉：《我的宣言》，《福建文學》1981 年第 1 期。

在我看來，早期新詩潮作品將"自我"中心化並竭盡角色表演之能，儘管有不可低估的詩歌功能意義，但其話語形式本身卻止於理想主義抒寫，並且明顯具有把詩歌理解爲個人情感的噴射器之嫌。如李小雨《紅紗巾》："紅紗巾。/我看見夜風中/兩道溪水上燃燒的火苗，/那麼猛烈得燒灼著/我那雙被平庸的生活/麻木了的眼神。/一道紅色的閃電劃過，/是青春的血液的顏色嗎？/是跳躍的脈搏的顏色嗎？/那，曾是我的顏色呵。/……那悲哀與希望揉和的顏色呵，/那苦澀和甜蜜調成的顏色呵，/那活躍著一代人的生命的顏色呵！"（李小雨：《紅紗巾》）這裏，"紅紗巾"化爲年華、火苗、顏色，是一串有著象徵意味的符號，同時也是詩人主體"自我"的內心寫真，在迷朦之美中挾裹著青春的騷動情緒和執著追求，但詩歌所指向的仍然是現實經驗和一代人的情感世界，尚未能提煉出超越個人經驗的人類普遍感受，表達上也基本上是始於情緒感覺而止於情緒宣洩，並沒有真正建構起一個獨立的藝術空間。所以，"主體"、"自我"等個人性話語，未必一定就會實現與現代藝術對接，而唯有創造主體真正實現了對現實性的個人經驗之超越，才有可能出現個體生命與藝術的真正融合。

詩的空間永遠期待著詩人的創造。主體性"自我"的找回和確立，同時也預示一場新的個人話語情境的不斷展開。短短數年中，越來越急劇的詩的"向內轉"，使新詩潮自覺地從反抗特定意識形態和公衆感情的表達，轉向個人的話語空間建構，實現從"大我"向"小我"的移位。儘管這種"移位"由於慣性和諸多制約是不徹底的，只有到了後朦朧詩手裏才最終完成，但畢竟意味著新的"自我"戲劇性變化的開端。它的意義在於：新詩潮顯示出的"我"的發現和表現，已不止是"五四"文學傳統的承接，更是作爲第三世界文化的中國新時期文學在世界性文學視野中，尋求詩歌重建和超越的標識。“這種超越的結果，就是在當代生存的形而上層面上把握內部與外部、自我與自我衝突的圖景，把獨特的生存體驗，經由個人感受、想像和語言機制，轉化爲生命與存在把握，把思想和情感的抒發轉化爲詩歌藝術世界的創造。”22 這，可以被看作是朦朧詩進行的第二次變革，也是從更深層次上實現自我與詩歌藝術融會的大膽實踐和探索。

　　這種“自我”在現代詩建構進程中的命運，誠如歐文·豪的描述：“現代主義在初期……是自我膨脹，是物質和事件作爲自我活力的一種超驗的、放縱的擴張。到了中期，自我便開始同外界脫離，自我本身幾乎成了世界的軀體，完全致力於對其內部動力作深入細緻的考慮。到了晚期，便出現了盡情宣洩的局面。”23 歷史的發展往往不乏“驚人的相似”，西方現代主義文學走過的歷程，也正是 20 世紀中國現代主義詩歌所經歷的戲劇性過程，這恰恰也從一個側面說明，中國現代主義文學是世界文化的有機組成部分。

　　正如一些敏感的批評者所指出的那樣，新詩潮的“自我”與“時代精神”的蜜月期，是非常短暫的。由於現實切入之需，兩者之間挽手建立的“共謀關係”，很快因朦朧詩個人化的深度展開，以及新的“父法”的形成，而變成了等級關係。按照拉康的“鏡像”理論,朦朧詩在一種幻想或想像中，從“外部世界”的客體裏找到“自我”認同，從而建立一個虛幻的“自我意識”，這

22　王光明著：《艱難的指向——“新詩潮”與二十世紀中國現代詩》，第 108 頁，時代文藝出版社 1993 年版。
23　歐文·豪：《現代主義的概念》，《現代主義文學研究》，中國社會科學出版社 1989 年版。

其實表明朦朧詩尚處於兒童的“自我”生成的“鏡像階段”
（Mirror stage）。隨著兒童的不斷成長，以及“自我”對權力的
懷疑和挑戰，這不能不引起父輩的警惕，因此它必然以“現實原
則”把“自我”拉入與社會共存同謀的“象徵性”秩序之中。朦
朧詩就面臨著類似的“成長煩惱”：“‘父法’的至高無上的加
入，粗暴地結束了短暫的共存期，將幻想的主體（自我）逐出了
虛幻的嬰兒鏡像期。‘自我’從嬰兒的鏡像幻覺中清醒過來，只
能離棄父法的庇護和定位再度飄零、重新流浪。這是新時期‘自
我’的必然命運。”[24] 從某種角度而言，朦朧詩的“自我”正是
以此為契機才完成了自己的“成年禮”，並進入了不可逆轉的個
人化的藝術進程之中。

　　朦朧詩後期，特別是在它開始建構現代詩的過程中，致力於
尋求“詩的自覺”，試圖在更高層次上實現生命與藝術的匯通。
從西方現代主義文學的歷史中，朦朧詩人已經意識到，一方面，
現代藝術似乎越來越講主體性，作品也越來越“個人化”，但另
一方面，他們又感覺到，在一個什麼都碎裂成原子、分子的時代
裏，所謂的主體也只是難以捉摸、自欺欺人的東西。說到底，如
果人不能認識自我，那麼詩人的主體性或自我也就大可懷疑了。
所以，艾略特就主張所謂“非個人化”的創作方法，他認為：“一
個藝術家的進展便是一種不斷的自我犧牲，不斷的消滅個性”，
“詩並不是放縱情緒，而是避卻情緒；詩並不是表達個性而是避
卻個性”。他甚至把詩人的精神比喻為一片放到含有氧氣和二氧
化碳的容器中的白金，儘管這兩種氣體因此成為硫酸，白金卻是
中性的，一點也沒有受到影響。[25] 顯然，這裏明顯表現出對浪漫

---

24 陳旭光：《中西詩學的會通》，第 295 頁，北京大學出版社 2002 年版。
25 轉引自裘小龍：《現代主義的繆斯》，第 11 頁，上海文藝出版社 1989 年版。

主義詩歌傳統中的"自我"的懷疑。爲了顛覆"自我"在詩中的中心地位，一些現代主義詩人甚至不惜以"角色"解構"本色"，試圖抹平色彩過重的"自我"。例如，法國象徵主義詩人瓦萊裏經常是借助神話角色來抒情，愛爾蘭詩人葉芝專門創構了"面具"理論，主張帶上面具來抒情。在一部分超驗主義詩人身上，他們更是推崇無意識、反理性，在他們的詩歌理念中，詩人的　"自我"已遭放逐，成了無理性可言的知覺衝動。

這些多元化自我概念，在現代主義詩人中是普遍的，也給朦朧詩認識"自我"以及對於個人話語展開提供了有益的啓示。以北島爲例，他在經歷了人與政治的對立關係之後，也開始了自己的轉向。80 年代以前，他表達了對現實的"憤怒"，並一舉成名，但現在他已從政治層面剝離出來，開始將注意力轉向了"自我"本身，注意到"自我內部"的複雜性和矛盾狀態。在另一首詩中，北島描述了這一轉變，該詩的第一節表現的是"自我"與世界之間的隔膜與對立，而第二節則將這種隔膜和對立移植到"自我"的空間：

　　　　對於世界
　　　　我永遠是個陌生人
　　　　我不懂它的語言
　　　　他不懂我的沉默
　　　　我們交換的
　　　　只是一點輕蔑
　　　　如同相逢在鏡子中

　　　　對於自己
　　　　我永遠是個陌生人

我畏懼黑暗
卻用身體擋住了
那盞唯一的燈
我的影子是我的情人
心是仇敵
　　　　——北島《無題》

此刻，北島的影子與他的身體一起，構成了他的完整的形象。也就是說，他的存在與他的存在的虛無性，構成了他的全部本質。"黑暗越深，他的'自我'的形象卻越明晰。孤獨得越徹底，他也就從人群中分離得越充分。這樣，一個單個的人的'自我'形象也就真正被勾劃出來了。"[26] 與此同時，詩人的獨特感受與其說是個人經驗，無妨說是人類境遇的象徵，"世界"與"我"、"我"與"我"構成的冷漠關係，實際上正是現代社會中人所普遍感受到的孤立無援處境之寫真，因此這種個人性的內心話語，也就成了具有詩性的人類景況的象喻。

詩的本質一再表明，個人話語未必就是詩歌話語。希臘著名詩人埃利蒂斯有言："美是一條也許是唯一的一條領我們向未知部分，超越自我的道路，這也是詩的另一定義：使我們能接近超越自我的藝術。"[27] 它很深刻地指明：只有當詩人超越了自身，並且能夠找到途徑，引領讀者走向未知的美的領域，那麼這種藝術才是詩的。詩的經驗證明，惟有詩人從自身體驗的凝視與省思中提煉出人類境遇的象徵物，那麼這種個人話語才可能轉換成真

---

26 張閎：《北島，或一代人的成長小說》，《藍》（日本東京），2000 年第 2 期。
27 埃利蒂斯：《諾貝爾文學獎受獎演說》，見楊匡漢、劉福春編《西方現代詩論》第 651 頁，花城出版社 1988 年版。

正的詩歌話語。換句話說，個人話語之成爲詩的話語，須敞開兩
個方面的指向：首先，詩必須遠遠高於個人的生活領域，由作爲
"人的"詩人的心靈向著全人類發言，因而，詩人的個人話語如
能疊合了人類普遍存在的意識，由個人經驗伸入人類無意識的無
邊疆域，回歸到榮格所謂"神秘的共用"的狀態，那麼這種個人
話語才是詩的話語。其次，個人的情緒和經驗也必須是詩的，並
且足以進入詩歌話語秩序的建構，具有超越個人話境的自成一體
的完整性。如具備了這兩個向度，並經由詩人配合意識、情感、
結構、語言諸要素，最終臻於充滿現代意味的詩歌藝術。

　　朦朧詩流變過程，從藝術角度而言，它越來越趨向詩的或詩
性，但也不可避免地走向所謂"晦澀"。這種藝術創作中的矛盾
現象，帶來了接受之"誤讀"，也形成了關於朦朧詩論爭的所謂
"朦朧"之爭。在我看來，如果說早期一些批評家和讀者對朦朧
詩的指責，還只限於它的社會內涵"朦朧"，而其實質是朦朧詩
人"因爲政治上的提防，或因爲弄不清時代究竟害了什麼病，於
是往往用了不確定的語言和形象來表述，這就產生了某些詩中的
真正的朦朧和晦澀。"28 那麼，隨著朦朧詩個人話語的不斷展
開，後來的"朦朧"與"晦澀"之爭，則已較多地轉向藝術表達
層面上。朦朧詩人已經意識到，此刻的"朦朧"之爭實際上是由
於藝術見解的差異，而造成閱讀與欣賞中的巨大"縫隙"。例如，
楊煉就認爲："我的詩是朦朧的嗎？也許是，我的詩是晦澀的嗎？
當然不是。我的詩是生活在我心中的變形。是我按照思維的秩序、
想像的邏輯重新安排的世界。那裏，形象是我的思想在客觀世界
的對應物，它們的存在、運動和消失完全是由於我的主觀調動的

---

28 謝冕：《失去了平靜以後》，《詩刊》1980 年第 12 期。

結果。那裏，形象的意義不僅在於它們本身的客觀內容，更主要的是我賦予它們的象徵內容，把虛幻飄渺的思緒注入堅實、生動、具有質感的形象，使之成為可見、可聽、可聞、可感的實體。這是很常見的手法。另外，現代生活常常令人目不暇接，於是，意象的跳躍、自由的連接、時間、空間的打破，也就沒有什麼可奇怪的了。"[29] 從詩人的辯解中不難看出，朦朧詩給某些讀者以"朦朧"、"晦澀"的閱讀效果，其實是源於一種詩人內部的經驗和感受，以及相應的藝術表現手段。如果不深入至詩人的審美意識層次，那麼這種閱讀中的巨大裂縫是無法填平的。

　　不可否認，由於急劇的向內轉，後期朦朧詩自然地走向了發掘人的潛意識和捕捉瞬間感受，並且沉湎於自設的詩歌王國，成了敲打語言的工匠。即使如顧城，這位"眼睛省略過/病樹、頹牆/鏽崩的鐵柵"（舒婷語）的童話詩人，在虛構自己由星星、紫雲英、蟈蟈、風箏等組成的天堂淨土時，也開始編織有"咒語"、"手槍"和"死亡"的血淋淋的悲劇性童話："她一直嚴肅地坐在大海中央/被風捉住手指/她不能隨她的船兒去遠航//她被一個小小的咒語所禁錮/一個數字般捲曲的舌頭//她隻身守護著亞丁灣精細的海浪//她一直在想/那個愛她的人正在砍一棵楊樹/樹被抬進船場，鳥大聲地叫著/手槍響著/酒櫃上的夢叮叮噹噹/有人當場輸給了死亡"（顧城：《硬幣中的女王》）。這首詩歌，童話色彩仍然很濃，卻傾注了現代感受，詩中刻意表現的意識流式的瞬間感受，以及包含與主旨無關的跳躍性意象，恐怕也給閱讀者帶來了麻煩。我以為，朦朧詩後期越來越呈現出來的"疏離"效果，以及給讀者帶來的"晦澀"感，其責任在詩人，而不是讀者。

---

29 楊煉：《我的宣言》，《福建文學》1981 年第 1 期"青春詩論"。

　　韋勒克・沃倫在《文學理論》中提到的法國象徵主義詩人時有一段話，頗能說明這個問題："法國的象徵主義詩人處在一種自我滿足的孤立狀態中，他們是一群與世隔絕的藝術家。他們認爲，詩人要末是把自己的藝術出售，要末是保持自己藝術的審美上的純潔與冷漠，他必須在此之間作出選擇。"朦朧詩選擇了後者，於是它的危機與衰落是不可避免的。

三、詩體建設："建立一個自己的世界"

　　像西方現代主義詩歌走過的道路一樣，朦朧詩也逐漸從對外部世界的探索興趣，轉變爲建設"獨立自足"的詩歌本體的欲求。1980 年，北島就已經宣稱："詩人應該通過自己的作品建立一個自己的世界，這是一個真誠而獨特的世界，正直的世界，正義和人性的世界。"[30] 江河也在一次筆談中提出："藝術家按照自己的意志和渴望塑造。他所建立的東西，自己一個世界，與現實世界發生抗衡，又遙相呼應。"[31] 顯然，這些主張帶著人性和詩的雙重訴求，具有獨立的人格色彩，而且已意識到詩歌是一個與現實世界並置的"獨立世界"。

　　這種注意力轉向儘管是初步的，但究竟意味著朦朧詩已經從對意識形態的"對抗"中走出，開始了詩的建設。楊煉後來把朦朧詩人所經歷的心路歷程，概括爲詩人或詩從"自發"階段向"自覺"階段的轉變。"所謂'自發'，指 1979 年開始的青年詩人們的'第一次否定'"，第一次否定主要"針對的是 1979 年以前氾濫的'非詩'，它反對詩依附於政治但自己仍主要在圖解社

30　《上海文學》1981 年第 5 期 "百家詩會"。
31　《詩探索》1980 年第 1 期 "請聽聽我們的聲音——青年詩人筆談"。

會主題，它運用一些現代詩手法卻並未試圖建立自己獨立的詩歌意識，它更大的意義在於詩人的歷史而非詩的歷史。真誠和真實，反抗和覺醒，這些‘第一次否定’提出的目標，恰恰延伸成爲‘第二次否定’的出發點”。他進而指出“自發的詩人”和“自覺的詩人”的區別：“‘自發的詩人’之重要，在於他個人的意義——個人欲望的直接表達”，因而大多集中在“表達什麼”之上，相對而言對詩之爲詩的本質問題和與之相關的詩的創造（怎麼寫）問題，卻甚少獨立的思考。“而‘自覺的詩人’之重要，在於他對文學現實總體的意義——他的詩歌世界，必須使文學史面臨改寫的危險。”關於“自覺的詩人”和“詩的自覺”的目標，楊煉有一個集中的理論概括：

> 可以這樣概括詩的自覺：對於歷史與傳統，既不是盲目依從也不是簡單的尋求“斷裂”，而是採取平等、正視、自由吸收的態度，讓從古到今的一切成爲自覺參照的背景和隨意駕駛的語言；對於自我，既強調體驗性又強調超越性，詩必須在構成本身呈現出經驗的複雜和境界的提升，死亡的豐滿和澄明的單純。每個詩人歷盡滄桑的一生必須用詩賦予無限的意義；對於藝術標準，每一首詩置於世界詩歌總環境中應當是獨特的。它作爲全人類新經驗的起點，將方式和語言統一成行爲，將觸角伸展得盡可能廣闊，從而能夠在創造另一個自然的努力中使精神歷險與更新。32

這段話在闡發上有不盡簡明之嫌，但其基本意義還是可以把握的。它反映出詩人對“歷史”和“傳統”的態度、對“自我”在詩中的意義的思考，以及對詩之爲詩的理解；它已超越了以往

---

32 楊煉：《詩的自覺》，《當代文藝探索》1987 年第 2 期。

粗暴的"反傳統"、宣洩性地"表現自我"的自發階段，真正開始進入了以現代主義詩歌爲藝術目標的自覺創建階段。

　　波特萊爾曾寫道："正是通過詩歌，人的靈魂看到了墳墓那一邊的光彩。"詩的閱讀經驗也表明，現代讀者之所以讀詩，其實是感到自己被流放在一個不如人意的世界裏，渴望著從身處世界中掙脫出來，回到那個已向他展示出的樂園。所以瑪拉美就認爲：詩的功能實際上是通過對現實的微妙轉換，爲讀者創造一個現實之外的世界，即充滿"象徵的森林"的文本世界。到了現代主義後期，詩人無一例外地注重文本，強調形式，甚至把文本看作獨立存在的、自足自律的生命有機體，認爲詩本身就是一個可以斬斷與現實世界所有關聯的物自體或超驗世界。這，顯然體現出異常鮮明的形式本體論趨向。朦朧詩後期，在實現從"政治詩人"到現代詩人、從自發到自覺的轉變中，也從西方現代主義詩人那裏獲得理論啓示，把他們所致力於重建的詩的本體觀念，逐漸引向了創造一個自足的"智力空間"的新境界：

　　　　一首成熟的詩，一個智力空間，是通過人爲努力建立起來的一個自足的實體。一個詩人僅僅被動地反映個人感受是不夠的，在現實表面滑來滑去，玩弄一下小聰明的技巧遊戲，並不能創造偉大的作品。詩的能動性在於它的自足性：一首優秀的詩應當能夠把現實中的複雜經驗提升得更具有普遍意義，使不同層次的感受並存，相反的因素互補，從而不必依賴詩之外的輔助說明即可獨立。33

　　詩，提供一個"空間"，這並不是一個秘密。中國古典詩歌中的"意境"或"境界"說，其實就已指明詩詞能夠借助有意味

---

33 楊煉：《智力的空間》，《青年論壇》1985 年第 1 期。

的"空間"，溶入主體想像、現實感受、歷史內涵和文化意識，並使之融爲一體。楊煉的獨特發現在於，他從詩的經驗和現代人的思維特徵出發，認識到"追求理性與感性的自然契合，思辨與直覺的真正統一"，爲構造現代詩的"智力空間"提出了新的要求。他認爲"從空間的方式把握詩，從結構空間的能力上把握詩的豐富與深刻的程度"，應該成爲現代詩歌創作的"主要出發點"，並且認爲這個"智力的空間"是一個"自足的實體"，其"自足性"表現爲："它本身就是一個意象、一個象徵，具有活生生的感覺的實在性。它不解釋，而只存在，由於存在使讀者在不知不覺中被滲透、改造、俘獲而置身其中。"[34]

　　楊煉所竭力推崇的詩的"智力空間"，帶有很重的"知性"特徵。從知識譜系看，他顯然是接受了西方現代主義的影響，但他未必意識到，這也是 20 世紀上半葉中國現代詩人曾涉獵過的問題。較早明確提出詩要追求"知性"的大概是柯可（金克木），1936 年他在《新詩》雜誌上發表《論中國新詩的新途徑》，認爲30 年代"新起的詩"有三個"主流"，而第一個就是"智的"，這種詩在他看來是一種以"不使人動情而使人深思爲特點"的"智慧詩"。這種"智慧詩"就"產詩"的道路而言，要求"情智合一"，就主智的內容而言則屬於"人對大宇宙的認識"。但是，柯可對"知性"的理解，歸結爲"不使人動情而使人深思爲特點"，確有把"知性"等同於"理性"的誤解。此後，鄭敏在《中國傳統的古典與現代》一文中論及中國傳統詩歌中"意象絕非比喻"時也說："在意象中已失去能指與所指的區別，能指即所指，二者合二爲一個複合體，感性與概念（知性）完全凝聚成

---

34 楊煉：《智力的空間》，《青年論壇》1985 年第 1 期。

一體。"35 很顯然，這裏鄭敏把屬於理性產物的"概念"等同於"知性"，實際上仍然是把"理性"看作"知性"的。同樣，楊煉的"智力空間"的概念，也存在著這種混淆傾向，如他經常把"理性"與"智性"隨意置換，恰恰說明他把"智力空間"視爲"理性空間"。這種曲解帶來的直接後果是，部分朦朧詩人及後新詩潮詩人把主知寫作看作是情感零度狀態的寫作，他們最津津樂道的是艾略特在《傳統與個人才能》中的名言："詩不是放縱感情，而是逃避感情。"於是徐遲那句"抒情的放逐"也就被許多詩人誇大爲真的在感情零度狀態下才能寫詩，這實在是對艾略特觀點的誤解。殊不知艾略特還補充說明："詩是許多經驗的集中，這些經驗不是'回憶出來的'，他們最終不過是結合在某種境界中。"36 顯然，艾略特所說的"經驗"，是必須在"某種境界"中體現出來的，或者說是來自於具體而真切的感受，是不能割裂詩人的感性生發的。

　　既然"智性"（"知性"）並非"理性"的概念，那麼我們有必要對這兩者作一點澄清和解釋。陳仲義在《中國朦朧詩人論》中論及朦朧詩的"智力空間"時，提出了一個富有新意的見解："從文化學角度考察，詩人的智性無非是指智慧與知識的集合，從認識論上講，智性介於感覺與理性之間，是兩者的中間'驛站'，而從現代詩創作心理審視，智性是知覺與悟性之間的仲介溝通。由於它處在'靈活'地位，它的重大作用正爲現代詩人所青睞，一方面它可以充當感覺知覺的角色——是一種深刻化的感覺知覺（或可稱之處在思維深處的感覺），另一方面，它儘管比

---

35 鄭敏：《詩歌與哲學是近鄰──結構－解構詩論》，第 315 頁，北京大學出版社 1999 年版。
36 轉引自駱寒超：《20 世紀新詩綜論》，第 461 頁，學林出版社 2001 年版。

理性低一檔次，但仍尚未脫盡‘思維本能’，因此它也是詩歌走向哲理昇華的一把‘拐杖’。當詩人展開思維運動時，心理場同時湧泛潛意識流與顯意識流，多種層次的心緒、體驗，多種感覺、知覺，在相互滲透交流衝突匯合中，不是徑直提升為一種帶有判斷推理的思辨色彩，形成思索的理性，而是充分的感性展開中，感性本身就體現了深刻的理性。這是智性的奇妙功能：一種深刻化的知覺。”[37] 陳仲義觀點的獨到之處在於，一方面他區分了感性、理性、智性三個不同概念，揭示了它們所處的不同思維層次，另一方面又進而指出智性在詩歌創作的角色（“介於感性和理性之間”、“知覺與悟性之間的仲介溝通”），其功能則是“詩歌走向哲理昇華的‘拐杖’”，是“一種深刻化的知覺”。

　　“智力空間”的提出曾給當時的詩壇帶來諸多爭議，並且這個概念本身也有值得商議之處，但它確實超越了傳統詩論“詩言志”、“歌緣情”的觀念，標明一個新的自足的詩歌世界正在形成。1985 年，這個以形式本體論為特徵、有著不同命名的詩學概念，通過詩人創造性的實踐已經初具規模。楊煉是第一個智力空間的開拓者，他在 1983 年發表的《諾日朗》以“諾日朗”（男神）為抒情主體，聚合“人類複雜經驗”，探求生命本體在廣袤宇宙中的定位，張揚充滿生存欲望和創造激情的雄性生命力，是一首生命感悟深邃、具有宏大想像的大組詩。之後他還發表了一系列自身完整的組詩，如《半坡》、《敦煌》、《西藏》、《逝者》等，構建了他的具有玄想特徵的知性詩歌世界。詩人江河以現代精神進行神話重構的“中國史詩”《太陽和他的反光》，發表後也引起了詩壇的振奮，它以生命和宇宙的境界，寧靜、質樸而優

---

37 陳仲義：《中國朦朧詩人論》，第 226 頁，江蘇文藝出版社 1996 年版。

雅的語言，把幾千年歷史與現實的對峙，化爲輝煌感性而又向人
類普遍境遇敞開的圖景。北島的《白日夢》也堪稱史詩，它從現
代人的生存狀態切入，深度發掘個人、民族、人類關係中進退維
谷的心理景況，顯示了建立一個獨立詩歌實體的努力。[38]

　　至此，經過漫長而艱辛的探索和理論思考，朦朧詩已大致完
成了自己的詩歌話語體系。我們也可以勾勒朦朧詩指向的自足世
界的基本輪廓了。其一，抛棄絕對、永恆、純粹的價值觀念，強
調主觀對應客觀中的相對性、變動性和複雜性；其二，摒棄絕對
理念，強調多種層次的心緒、體驗，多種感覺、知覺，在相互滲
透、交流、衝突、匯合，以情感邏輯和想像邏輯，將深刻化的知
覺重新組織起來；其三，注重詩的智性特徵，開掘深層意識和潛
在意識，側重表現隱藏而曲折的複雜思緒以及與人類經驗相通的
感覺，賦予詩以視角的多向度和意緒的多義性；其四，重視詩的
結構，經由意象迭加、視角轉換、時空交叉、斷層跨越等方式，
建築立體式的結構，並獲取詩的整體效應；其五，注重文本的獨
立存在，書寫現代主義形式和詩學性質；其六，體現詩的意義張
力和語言張力，注重在“語言現實”中尋求落實等等。

　　更深入地分析，後期朦朧詩致力於構建一個獨立、自足的
“智力空間”，這實際上體現出非常鮮明的形式本體論趨向，本
質上是循著現代主義之一脈的“純詩”方向發展。純詩論，可以
看作是把作品本體論推向一個極端的表達。在前期象徵主義時
期，“純詩”還基本上是一個帶有唯美色彩的概念。愛倫·坡就
這樣認爲：“普天之下，沒有，也不可能有比這樣的詩更寶貴更
崇高的作品：這首詩只是他自身，這首詩是首純粹的詩，這首詩

---

38 王光明著：《艱難的指向——“新詩潮”與二十世紀中國現代詩》，第 115
　　頁，時代文藝出版社 1993 年版。

是首只爲寫詩而寫的詩。" 波特萊爾也稱自己的作品爲 "純藝術書"，因爲他受愛倫·坡的影響至深，自認爲他的作品與真或善無關，只談美。[39] 瓦雷里可以說是 "純詩" 的竭力鼓吹者，在他的意識中， "純詩" 不僅是高於任何其他文學藝術的東西，是 "一點散文也不包括的作品"，而且是一種幾乎難以企及、但又是 "詩人的努力和強力所在" 的理想狀態。他說： "問題在於瞭解是否能創造一部沒有任何非詩歌雜質的純粹的詩作……這是一個難以企及的目標，詩歌永遠是企圖向著這一純理想狀態接近的努力。總之，所謂詩，實際上是用擺脫了詞語的物質屬性的純詩的片段而構成。"[40] 接著，他還進一步解釋了他的 "純詩" 理念：

> 純詩實際上是從觀察推斷的一種虛構的東西，它應該幫助我們弄清詩的總的概念，應能指導我們進行一項困難而重要的研究──研究語言與它對人們所產生的效果之間的各種各樣的關係。也許說： "純詩" 不如說 "絕對的詩" 好；它應被理解爲一種探索──探索詞與詞之間的關係所引起的效果；總之，這是由語言支配的整個感覺領域的探索。[41]

顯然， "純詩" 反映出現代主義詩人對於獨立自足的詩的語言藝術世界的迷戀和追求。它一方面斷開了詩歌文本與現實世界的聯繫，認爲詩是一個 "由語言支配的整個感覺的領域"，有濃厚的超驗性色彩；另一方面還特別重視 "語言的效果"，傾心於 "探索詞與詞之間的關係所引起的效果"。 "純詩論" 那種過分

---

39 轉引自趙毅衡《新批評──一種獨特的形式主義文論》，第 49 頁，中國社會科學出版社 1988 年版。

40 轉引自陳旭光：《中西詩學的會通──20 世紀中國現代主義詩學研究》，第 64 頁，北京大學出版社 2002 年版。

41 瓦雷里：《純詩》，見《西方現代詩論》，第 216 頁，花城出版社 1988 年版。

強調詩歌文本的獨立性，以及片面地把語言置於一切之上的"語言功能論"，理所當然地招致了瓦雷里之後的英美現代主義詩人的批評和校正，但它開闢的路向卻對現代詩的發展產生了深刻影響。

朦朧詩意識到"詩歌面臨著形式的危機"（北島），也一頭栽進了"純詩"的懷抱。在他們看來，當代詩歌要建構一個自足的世界，"它應當既充滿現代經驗又穿透這些經驗背後歷史的獨特性，既體現現代語言又把握住傳統作用於某一語言內部的種種內在因素。"而歸根結底，都必須在"語言現實"中尋找答案。楊煉在《詩的自覺》中進一步說："語言是詩的初衷和最後目的，語言也是詩面對人類生存的唯一臨界點。"[42] 語言也唯有語言，成了他們逼近與敞亮存在的"法門"。例如北島的長詩《白日夢》中的一節："我總是沿著那條街的/孤獨的意志漫步/喔，我的城市/在玻璃的堅冰上滑行//我的城市我的故事/我的水龍頭我積怨/我的鸚鵡我的/保持平衡的睡眠//罌粟花般芳香的少女/從超級市場飄過/帶著折刀般表情的人們/共飲冬日的寒光//詩，就像陽臺一樣/無情地折磨著我/被煙塵粉刷的牆/總在意料之中"。這裏，特別值得關注的是詩歌語言。它使人想起北島的在《寫作》中的名言：詩歌"始於河流而止於源泉/打開那本書/詞已磨損廢墟/有著帝國的完整。"也就是說，在北島看來詩歌語言足以構建起一個世界、一種秩序或一種體制，它遵從個人經驗和內心體驗，同時又是自足的生命形式，因此即使"詞已磨損"，但詩歌生命的痕跡仍然不可磨滅。對於《白日夢》一詩，即使讀者無法捕捉住詩人那種個人性極強的生命體驗，但同樣會在閱讀中感受到靈動飛

---

42 楊煉：《詩的自覺》，《當代文藝探索》1987 年第 2 期。

揚的文字是那樣具有穿透力和蠱惑性，直至把人帶入一種純粹的
境界。

　　然而，當朦朧詩醉心於"純詩"，實際上又繞開了他們賴以
成名的抒寫方式，而進入了一種"拒絕讀者"的無底深淵。這是
一齣由現代詩人親手導演的悲劇。不過，悲劇的主人公就是他們
自己。近乎致命的是，隨著現代詩的不斷衍變，詩歌本身卻越來
越遭遇研究者和讀者的尖銳批評，一個重要原因就是：朦朧詩更
加讀不懂了。朦朧詩發軔初期，他們曾遇到過這類指責，但基本
上是意識形態的分歧造成的"閱讀斷裂"；而現在，那些曾經喜
歡朦朧詩的大學生和詩評家們，也幾乎異口同聲說"詩歌讀不
懂"了！這是什麼原因呢？

　　我贊同這樣一種看法，即：現代詩作為一門較年輕的語言藝
術，還沒有建立起與自己相適應的讀者群。在我們的教育裏或語
言中，接觸古典詩詞的機會遠大於現代詩——尤其是那些藝術性
高而非八股教條式的現代作品。於是，人們習慣用古典詩的那一
套成規，最明顯的如押韻、對仗、適於朗誦、易於背誦等特色，
來要求現代詩，不太能接受現代詩本身的探索與發展。"缺乏良
好的現代詩教育——不管你是大學教授還是評論家，並不表示你
就有現代詩修養，使得詩人和讀者之間沒有形成關於現代詩的起
碼共識。於是現代詩人們寫下的東西，看起來更像是自言自語，
面臨著自生自滅的危險。"[43] 朦朧詩就面臨著這一危險，80 年代
中期以後的朦朧詩作品，影響和閱讀面越來越狹窄，就是證明。
看來，北島的《白日夢》與其說是揭示了人類生存的困境，不如
說表明了詩人將會在現代社會中陷入知音難覓的窘態。這是朦朧

---

[43] 奚密：《為現代詩一辯》，《讀書》1999 年 5 期。

詩的悲哀，難道不也是讀者的悲哀？

第五章　朦朧詩的藝術建構

　　從 1980 年代以來，學界對有關朦朧詩的形式、語言和表現手法的探討從未停歇。但同樣饒有意味的是，80 年代，基於論爭的需要，幾乎所有詩歌藝術問題都圍繞著“懂”與“不懂”展開，難免使朦朧詩真正具有創造性的藝術理論和實踐卻一再被忽視了；90 年代，後朦朧詩成爲時代主潮，藝術的衍變不可避免地把朦朧詩作爲先鋒藝術的“反動者”而成爲批判的物件，因而圍繞它的研究很難保持清醒和獨立，也甚少對朦朧詩的藝術本體建設作出恰當的評價與闡發。這種情形帶來的直接後果是，迄今爲止，儘管許多讀者對朦朧詩的一些篇章耳熟能詳，但對於其詩的力量和美感究竟緣何而來，仍是一頭霧水，依然停留在“朦朧”的鑒賞層次上。

　　在我看來，朦朧詩經“地下詩歌”到轟動一時，從擺脫“古典加民歌”模式的質的蛻變到現代詩的建設，從個人話語尋求到詩歌世界創構，在這個痛苦而艱辛的歷程中，詩的“煉獄”不僅塑造了現代詩魂，同樣也鑄就了純粹詩藝。它的藝術空間，在橫向會通中西詩學，在縱向承前啓後，對中國當代詩歌特別是現代詩建設功莫大焉！因此，探析朦朧詩理論和文本，從中總結詩歌藝術經驗，無疑有其深刻意義。

一、"不朽的宇宙"：象徵與隱喻

在那篇著名的論文《崛起的詩群》中，徐敬亞把朦朧詩的藝術特徵，概括爲"以象徵手法爲中心的詩歌新藝術"。他進而解釋了"象徵"在詩中的多種功能意向："象徵手法的運用，帶來了詩人們抒情角度的轉移。""象徵手法由於它的暗指性，適於表達多層主題和複雜情感，適於表達抽象的意識和情緒，在使用中與其他手法交錯起來，構成了詩的朦朧美。"[1] 徐敬亞所作的藝術分析，揭示出"象徵"在朦朧詩藝術中的中心地位。

"象徵"在朦朧詩中是如此顯赫的藝術質素，但它在中外藝術史上其實只是一個最基本的概念。作爲一種人類特有的精神活動，"象徵"不斷出現在迥然不同的學科中，它是一個邏輯學術語、數學術語，也是一個語義學、符號學和認識論的術語，它還長期使用於神學世界和禮拜儀式中，當然也頻繁出現在詩歌藝術裏。廣義地說，任何藝術實踐活動都是一種象徵，一切符號和語言也都是一種象徵。這裏還涉及到在闡釋中不斷被置換的幾個概念，即象徵、意象和隱喻，它們在意義上有沒有重大區別呢？韋勒克、沃倫在《文學原理》中指出："一個'意象'可以引用一次，作爲一個隱喻，如果持續出現，成爲一種呈演和再呈演，它就成爲一個象徵，甚至可變成一個象徵的（或神話的）系統的一部分。"[2] 顯然，它們之間並無根本區別，交叉疊合之處甚多，只是側重性和表達的語境有差異。

"象徵"的手法，可以說是古已有之，但作爲一種系統的藝術原則，特別是以"象徵主義"流派及思潮出現，則肇始於西方

---

1 徐敬亞：《崛起的詩群》，見《當代文藝思潮》1983 年第 1 期。
2 韋勒克、沃倫：《文學原理》，第 240 頁，三聯書店 1984 年版。

文學發展到浪漫主義文學與現代文學轉型之際。一般認為，"象徵主義"產生在 19 世紀 80 年代的法國，法國詩歌經歷了一個從浪漫主義，經過唯美主義、巴那斯派，發展到象徵主義的過程。象徵派的先驅波德萊爾，他的《惡之花》出現在 19 世紀 50 年代，到了 80 年代，象徵主義作為一個新起的詩派才正式形成[3]。到了 20 世紀初，象徵主義詩歌已越出了法國，在英、美以及其他歐洲大陸國家產生了巨大的影響和反響，這一切又和當時的現代主義的潮流匯合在一起，像葉芝、里爾克、瓦雷里、艾略特、勃洛克等現代主義大師，他們創作的主要傾向，尤其是在一些基本技巧上，同樣可以說是象徵主義的，儘管他們在一系列問題上又確實不同於法國先驅者們。這個時期的詩歌，有時被人稱為現代主義，有時也被人稱為後期象徵主義。

概括地說，象徵主義可以分為兩個層次：第一個層次，可稱為 "經驗的象徵主義"（Human symbolism，直譯的意思是 "世俗的象徵主義"），這種象徵主義是指向經驗之內的，不包含形而上的體驗性色彩，它強調用具體的形象來表達抽象的思想和感情，正如瑪拉美所言，是 "一步步地喚出一個物體，這樣來揭示出一種情緒，或反過來說，這是一種挑選一個物體並從中抽出一種情緒的藝術。" 他還認為，詩的思想和情緒只能 "由一系列的破譯" 來獲得，因為詩本質上不是公開的呈示，而是暗示，因為 "要把一個事物講出來，也就是去掉了從一首詩中能得到的大部分樂趣。因為樂趣就在於一個逐步展示的過程。" 以北島的《結局或開始》為例："如果鮮血會使你肥沃/明天的枝頭上/成熟的果實/會留下我的顏色"。這首詩，是通過具體形象來暗示的，這

---

3 藍棣之：《現代詩的情感與形式》，第 317 頁，人民文學出版社 2002 年版。

些形象隱含的情緒只能借助讀者的聯想來獲得。抑或說，這正是通過象徵的積聚，在讀者身上重新創造詩人所體驗到的情感。

第二個層次，被稱爲"超驗的象徵主義"（**Transcedental symbolism**）。這裏，具體的形象不僅僅是用來作爲詩人內心的思想和情感的象徵，而是作爲廣大、普遍的理念或理想世界的象徵。波特萊爾曾寫道："正是通過詩歌，人的靈魂看到了墳墓那一邊的光彩。" 4 於是詩的功能也就成了通過對現實的微妙轉換，爲讀者創造一個現實之外的世界，這樣就在本體論上把詩推向了一個新的高度。如顧城的《弧線》：

> 鳥兒在疾風中
> 迅速轉向
>
> 少年去揀拾
> 一枚分幣
>
> 葡萄藤因幻想
> 而延伸的觸絲
>
> 海浪因退縮
> 而聳起的脊背
>
> ——顧城《弧線》

這首詩的審美意味是力求在人類的被動困境中把握主體人的主觀真實，顯然具有一種形而上的反思意味，由於內部動態性的擴張，使外觀上的單一和純粹，延伸向詩美的空間。無疑，與

---

4 裘小龍：《現代主義的繆斯》，第 225–235 頁，上海文藝出版社 1988 年版。

浪漫主義或現實主義相比較，象徵主義詩歌在藝術表達方面更爲含蓄、曲折、隱晦甚至神秘，所以非常契合現代主義詩歌注重抒寫內心微妙複雜的情感。

考察中國文學，象徵很早就存活於我國古代藝術傳統，包括古代詩歌中。屈原的《離騷》，就充滿象徵意味和方法，而南朝梁文學理論家劉勰（約 465—約 532）就已在《文心雕龍》中，從詩學理論高度指明“隱以複義爲工”，強調了意象的隱藏性（“隱”），和象徵性意象內涵的多義性和不確定性（“複義”）。在中國新詩史上，日漸普泛化的象徵方法和技巧，滲透進新詩各家各派的創作實踐和詩學理論中，並形成了並不短淺的“象徵詩派”傳統。它的濫觴可推溯到“第一個十年”的詩歌，如魯迅，就曾鍾情於象徵味很濃的尼采，接觸過象徵主義詩人波特萊爾，有過“神秘幽深”的現代象徵主義的追求，他的散文詩或以寓言，或用象徵，暗示了自己的現實心緒。當然，奉“象徵主義”爲圭臬的李金髮、穆木天、王獨清等人，爲了追求“純粹的詩的世界”，尋求意象的象徵和暗示功能，更不遺餘力地開拓著中國象徵主義詩歌的航道。以後，“象徵詩派”與“自由詩派”、“格律詩派”鼎足而立，平分秋色。象徵，作爲一個經久不衰的“現代性”神話，爲中國新詩藝術的成熟和發展所作出的貢獻，已有定論。

但 20 世紀 50 年代以後，當現實主義文學觀念和方法在政治和意識形態作用下佔據統治地位，並成爲詩歌主潮，象徵主義作爲一個“腐朽、沒落”的現代主義詩歌流派，在當代詩歌史上就必然面臨毀譽交加，命運沉浮，乃至於最後瀕於衰亡。這無疑是中國新詩史上一種非主流的、疏離權威意識形態的邊緣性詩歌的必然命運。因此，幾乎悲劇性的是，朦朧詩對“象徵”藝術的探索，基本上是在象徵主義詩歌的廢墟上重新起步的：象徵不僅作為藝術方法和手段，同時也作為哲學觀念和意識，以及現代主義的傳統，在前此時期的當代詩歌乃至當代文學已瀕臨絕跡。所以從這個意義上說，朦朧詩對以"象徵"為核心的一系列詩歌藝術手法的傾心使用，就有了反叛舊規和探索新路的革新意味，而更深遠的意義則是對現代主義詩歌史的"修復斷裂"和"回歸傳統"。

由於上述原因，我們便不可忽略，朦朧詩對象徵的承接，並不是在中國新詩史上象徵主義詩歌已有豐富實踐和理論基礎上展開的，而完全是"自發性"的"另起爐灶"。因此，從總體上看他們對"象徵"的接受仍然是初步的，基本上止於創作手法和技巧的層面上。"'朦朧詩'詩人'言志'、抒情、表達理想的強烈渴求，對主體性的執著迷醉，決定了他們對'象徵'手法、技巧上的'拿來主義'式的剝離和移用，而與'象徵主義'的本義精神相去甚遠。這使得'朦朧詩'的象徵內涵一般只停留在理想、人道、真、善、美等較為淺顯的理念層面上，而未向生命、感覺、潛意識、超現實等內在心理層面深入拓進，象徵的兩造（象徵物和被象徵物）之間的關係一般較穩定、淺顯，從今天看，既談不上含蓄，更難說複雜、晦澀。"[5] 這種皮相性的技術沿用，也是朦朧詩後來招致"思想高於藝術"、"存在大於創造"之類責難，並成為後朦朧詩眾矢之的的一個原因。

朦朧詩的複雜性，部分原因來自於它的歷史性。早期朦朧詩或部分朦朧詩人對象徵運用的"生澀"、稚拙，並不表明較為成熟的朦朧詩和優秀詩人始終處於這種高度。例如北島，他的一些

---

5 陳旭光：《中西詩學的會通》，第 341 頁，北京大學出版社 2002 年版。

詩曾經因過度的自我擴張，其象徵確實是直指式的，如"在鍍金的天空中/飄滿了死者彎曲的倒影"、"屍骨在夜間走動"、"千萬個幽靈從地下/長出一棵孤獨的大樹"，這是對現實感覺的符號記錄，是生僻奇崛的意象組合，而缺乏廣闊的喻指性。但北島也有超越經驗性象徵而進入超驗性象徵的詩作，如《迷途》，"鴿子的哨音"、"高高的森林"、"迷途的蒲公英"、"藍灰色的湖泊"、"深不可測的眼睛"，這裏的象徵與傳統詩歌中的象徵大不相同，已不限於某個象徵形象的尋找而追求詩的整體象徵，詩中的意象組成了一個整體隱喻結構，暗示出"迷"和"尋"的戲劇式螺旋，但尋覓的物件究竟是什麼，卻仍然是敞開性的，具有超驗象徵的深不可測的感覺。

　　朦朧詩對象徵的移植，既非純粹源於藝術本身的新舊交替，也不是屈從於社會審美風尚和藝術趣味轉移的壓力，而是基於詩歌新的表情達意的需要，或者說，是因爲詩人感受到"形式的危機"而採取的策略。所有這一切，用北島的表達就是"詩歌面臨著形式的危機，許多陳舊的表現手段已經不夠用了，隱喻、象徵、通感，改變視角和透視關係，打破時空秩序等手法，爲我們提供了新的前景。"[6] 最優秀的朦朧詩人如北島、顧城、江河、芒克、楊煉等，當他們從"自發" 轉向"自覺"，他們對真正的"象徵主義"的精神要義也從"嘗試"到"神交"，逐漸逼近了梁宗岱所謂的"自己成爲一個絕對獨立、絕對自由、比現實更純粹、更不朽的宇宙"[7]的"純詩"性追求。這裏引芒克的《雪地上的夜》開頭兩段，以窺一豹："雪地上的夜/是一隻長著黑白毛色的

6 北島等：《請聽聽我們的聲音──青年詩人筆談》，見《詩探索》1980 年第 1 期。
7 梁宗岱：《象徵主義》，《文學季刊》第 2 期，1934 年 4 月 1 日。

狗/月亮是它時而伸出的舌頭/星星是它時而露出的牙齒//就是這
隻狗/這隻被冬天放出來的狗/這隻警惕地圍著我們房屋轉悠的狗/
正用北風的/那常常使人從安睡中驚醒的聲音/衝著我們嚎
叫……"這首詩歌提供的情景非常簡單，詩中顯示的人與狗的對
峙，是一個中心意象，其中蘊涵的是一種反思歷史、社會、文化
的情感模式，這恰恰是聳立在《雪地上的夜》情緒氛圍之上的令
人回味的"空白"，構成了生成性的象徵意味。應該說，後期朦
朧詩對象徵的理解和交感契合，是達到了一定的高度的。

　　徐敬亞斷言朦朧詩是"以象徵手法爲中心的新藝術"，當然
因囿於時代性話境而顯得倉促、武斷，也確實招致了理論與實踐
的"前後夾攻"。徐的論斷捉襟見肘之處在於，他並沒有充分意
識到象徵主義和現代主義的概念之辨，以及象徵主義作爲現代主
義的種屬，也只是朦朧詩襲得的一部分。于可訓指出："象徵和
'以象徵手法爲中心'的一系列藝術表現的方法和技巧，對於新
潮詩人來說，就不一定局限於作爲一個流派的象徵主義的表現範
圍內，而是一切與'象徵'有關的帶有隱喻和暗示性質的，以及
作爲這一表現方法的基礎的心理和無意識活動的因素，乃至在音
調和色彩，結構和語言上的表現等等，都屬於新潮詩人所探求的
新的表現方法和技巧的範疇。"[8] 如果從這個角度理解，那麼徐
敬亞所謂朦朧詩"以象徵手法爲中心的詩歌新藝術"，其所指就
是包括一切西方現代主義流派的現代詩歌的藝術表現方法和技
巧，甚至還有某些與現代主義同根的浪漫主義因素。這樣解釋，
比較符合朦朧詩"拿來"的真實狀況，也不至於像後朦朧詩對待
朦朧詩那樣"只顧一點，不及其餘"了。

---

8 于可訓：《當代詩學》，第 188 頁，湖南人民出版社 2000 年版。

二、“東方智慧”：神話與童話

　　童話與神話，本屬於兩個不同的知識系統。從本義上講，童話是一種童年讀本，它故事情節神奇曲折，生動淺顯，通過豐富的想像、幻想和誇張塑造形象，並以此對兒童給予最初的心靈哺育；神話則可以看作是成年人的童話，它反映人類童年時期對世界起源、自然現象及社會生活的原始理解，借助幻想和想像把自然力擬人化，寄託了人類早期的諸多理想。由於知識的設定，童話與神話分屬不同的門類，而且它們蘊涵的各種意義也有深淺之別，不可同日而喻。

　　儘管如此，神話與童話仍於諸多方面，有甚多交叉疊合之處。其一，兩者同屬於想像性抒寫，是虛構性文本或話本；其二，它們藉以展開的思維方式，如通過幻想和想像建構藝術空間等，大致類同；其三，它們中積澱的心理內涵，都與人類的集體無意識有一定關係，或者用榮格的話說，是“原型”相同。這些跡象，都顯示出兩者有著不可分割的血緣聯繫。

　　詩，作爲一種情緒引導下，深度進入“自我”意識或無意識領域的藝術，它會自然接近於這兩個神秘“天國”，似乎並非不可理喻。“對許多作家來說，神話是詩歌與宗教的共同因素……宗教神話是詩歌隱喻合法的、規模巨大的源泉。”[9] 這個結論已經爲中外詩歌史上的大量實踐所證實。以西方詩歌史之名篇、艾略特的《荒原》爲例，它就主要運用了關於魚王的神話：魚王因爲病和傷，失去了生殖能力，他的人民因此同樣失去了這種能力，土地受到詛咒，缺水成了荒原，只有當一個陌生人——尋找聖杯

9　韋勒克、沃倫《文學原理》，轉引自楊匡漢、劉福春編《西方現代詩論》第386頁。

的少年，經歷了種種艱難到來後，對尋找聖杯的儀式中的種種問題作出回答，大地和人民的災難才會消除。在主題學研究中，這種神話一般可稱爲"尋找"的神話，艾略特的過人之處在於合理地把這種"尋找"模式作爲整個作品的一個半隱形結構框架來處理，詩的內容因此而顯得無比生動、豐富。再看童話作品，儘管它不像神話那樣，被詩人直接取材，一般不構成"模本"，但其"回歸"式的精神指向、純淨的幻想和想像，以及稚拙而充滿靈性的表現方式，都吸引著本質上最爲"純真"的詩向它逼近，一些藝術建構方式也曾經被許多詩人所汲取，以此抒寫那種逃逸性的反文化"自我"，發洩帶有明顯的自我嘲諷的快感和用非理性與世界對抗的情緒。

現代詩歌中，神話往往與象徵交織在一起，形成一個深遠的的象喻體系。這種"古堡"式的詩歌藝術，標明現代詩並不拒斥傳統和文化，相反卻力圖從人們熟悉的歷史經驗中尋找"落腳點"，以此啓動文本閱讀。這從詩歌的功能主義也可以作出解釋，即當古老的、流傳已久的、執著於自我的生活方式（儀式及其神話）被"現代主義"打破時，大多數人（或所有的人）都變得貧乏了——因爲人不能僅僅靠抽象概念生活，因此，就必須用生造的、臨時創作的、片段的神話（理想的未來畫面）來填補自己的虛空。對那些具有想像力的作家來說，如果說他需要神話，就是說，他感到有必要與社會溝通，有必要使人們承認他是在社會內起作用的一個藝術家。[10] 神話在詩歌之運用，可以從這個角度獲得解釋。

中國是一個神話和童話都極爲豐富的古國，許多神話保存在

---

10 韋勒克、沃倫《文學原理》，第 208 頁，三聯書店 1984 年版。

古代典籍中，如《山海經》、《淮南子》等，而童話則活躍在民間口頭講述中。歷史上，中國古代詩人就借助神話傳說，注入橫越千古的絕對空間，引導人類向宇宙深處追尋冥冥之聲。這種藝術建構方式業已形成詩歌傳統，既非時人所理解的 "懷舊病" 和 "復古"，也不是那種淺薄的 "尋根"，而是借用這種文化 "作爲超越性的載體"，藉以 "接近終極意義，創造經驗和智慧中的一個符號宇宙之奇觀"。[11] 這種藝術思維方式，在中國現代詩手裏也得到了承繼，如袁可嘉在論及應如何 "在種種藝術媒介的先天限制之中，恰當而有效地傳達最大量的經驗活動" 時所說的："過去如此豐富，眼前如此複雜，將來又奇異地充滿可能；歷史，記憶，智慧，宗教，對於現實世界的感覺思維，眾生苦樂，個人愛憎，無不要想在一個新的綜合裏透露些許消息；捨棄他們等於捨棄生命，毫無選擇地混淆一片又非藝術許可。"[12] 從他的表述以及 40 年代的中國現代詩歌實踐看，袁可嘉之所謂 "新的綜合" 的元素中應該是包含 "神話" 的。從神話的玄妙和象喻性等發掘詩歌資源，非常貼合現代詩追求詩情智性化的審美趨向，也是走向成熟的中國現代詩在探索途中，試圖將東、西詩藝融合一體的新舉措。

　　1980 年代初期，朦朧詩人從詩歌本體建設出發，並與民族反思、文化尋根和追求現代史詩的熱潮相契合，他們找到了一個新的表現領域：民族神話和傳說。在《智力的空間》一文中，楊煉甚至把神話詩，提高到 "東方的智慧" 的高度加以認識：

　　　　在玻爾和愛因斯坦以後的世界，"東方的智慧" 已不再是一個古老而神秘的辭彙。它內涵的深邃和表達的精妙，正

---

11 《藍色高地》第 162 頁，上海文藝出版社 1988 年版。

12 袁可嘉：《新詩現代化的再分析》，1948 年 4 月《詩創造》（理論專號）。

　　隨著人類打破舊有的單元化結構進入多元體系，展開普遍的相對性思維而綻放光輝。東方的綜合性思維與西方的分析性思維之間已顯示出一種殊途同歸的互補。我們沒有理由妄自尊大或妄自菲薄。中國源遠流長的文化傳統必須對人類文明的現狀作出貢獻。13

　　"東方的智慧"意指什麼？楊煉的看法是那種對"溶解在我們的血液中、細胞中和心靈的每一次顫動中，無形，然而有力"的原型意象的"重新發現"，以及對人類文明有所貢獻的"東方的綜合性思維"。這裏，楊煉沒有直接言明"源遠流長的文化傳統"的所指，但應該是包括在世界文化中獨樹一幟的中國古代民族神話傳說在內的。反映在楊煉詩中，是他運用高度綜合的神話思維方式，並企圖從東方文化、民族心理的源頭出發，抒寫新的現代神話，如大型組詩《禮魂》的三個組詩《半坡》、《敦煌》、《諾日朗》，詩人出入於歷史和文化的源頭，在幾近化不開的幽玄境界顯示出主體對運動著的生命進行全面的追蹤：《半坡》的思維取向是沿著誕生——勞動——創造——愛——死亡——復活這樣的線路發展。《敦煌》則提供相交"脈絡"：信仰——自由——無限——有限——命運——智慧。而《諾日朗》在物質存在與精神存在的對壘——交融過程中，以同樣強烈的生命力衝突與結合來完成最後也是最初的啓示。14 楊煉在這些多維性組合的神話空間中，用智慧的歷史開闊度，深刻而富於氣派地透視了中華文化的生命力的內核，以現代神話顛覆歷史神話，但又不失曠古悠遠的神話意味。

　　另一位詩人江河是因"呼喚史詩"而走近神話的，他在《太

---

13 楊煉《智力的空間》，《青年詩人談詩》第 72 頁。
14 陳仲義：《中國朦朧詩人論》，第 210 頁，江蘇文藝出版社 1996 年版。

陽和它的反光》的小序中，指出"任何民族都有自己的神話，自己心理建構的原型。作爲生命隱秘的啓示，以點石生輝……詩爲國魂。"因此他坦言自己"早有夙願，將中國神話蘊含之氣貫通至今，使青銅的威武靜懾、磚瓦的古樸、墓雕的渾重、瓷的清雅等等蕩穿其中，催動詩歌開放。"[15]他最有代表性的"神話詩"是《太陽和它的反光》，全詩分《開天》、《補天》、《結緣》、《追日》、《塡海》、《射日》、《刑天》等十二章，都取材於中國遠古神話傳說，並以死亡與再生、毀滅與創造、肉欲與靈性等對立統一、對位互轉等原型象喻，再現了中華民族自創世以來的生存狀態和歷史命運。它也被一些評論家認爲是"現代民族史詩"。

　　西方現代詩的經驗還表明：神話的運用並非作爲一種現成的寓意載體，而是經過詩人精心構思，通過那些經選擇、移位、變體的神話，使詩在深層包孕著民族文化、心理胚胎和集體潛意識，從而豐富詩的表現力和感染力。這種經驗實際上隱含著兩個路向：一種是以神話原型爲模本，但以現代目光重新審視，並注入詩人的經驗和理解，形成"隱喻式"的神話結構，不妨稱之爲"原型式神話詩"；另一種，詩人運用神話的思維方式，以當下的生活體驗或經驗爲母本，象喻和演繹新的"傳奇故事"，最終構成"現代式神話詩"。這兩種路向，在80年代的朦朧詩人中分別可以江河與楊煉爲代表，緊跟著他們的，則還有廖亦武（《穿越這片神奇的土地》）、歐陽江河（《懸棺》）、石光華（《囈鷹》）和宋渠、宋煒（《大佛》）等。儘管這些詩人對自己的作品有著不同命名，有的稱爲"史詩"，有的則稱爲"文化詩"，但其基

---

15 《青年詩人談詩·小序》，第26頁，北京大學五四文學社1985年版。

本的母胎和抒寫方式，都有著鮮明的神話傳說色彩，而且他們的
追求還直接孵化了後朦朧詩如四川"整體主義"之一脈。

　　饒有意味的是，童話詩人顧城是從"童話"的眼光來闡發
"東方的智慧"或藝術精神的。他認為東方的智慧可以概括為
"靈性意識"。1993年，中國前衛藝術展在柏林舉行時，顧城採
用的題目就是經過多年思考的《東方藝術——靈性意識的選擇》，
他對"靈性意識"作如下解釋："它的全體不是有、存在，而是
空靈，一種心境下的自然關注，與西方評論相比，它更像目光和
空氣……靈性是一種關係：人與人，人與天；它不是一個物件，
而是一種願望——選擇方式的自如。"16 在這篇文章中，顧城把
近乎唯心的天賦靈感看作是他童話王國的藝術的支柱，並把它作
為"東方藝術"的精髓加以弘揚。

　　值得關注的是，顧城的"靈性意識"是與"童心"、"自
然"、"唯靈"、"神秘"等一系列關鍵字相鏈結的，其終極目
標則指向 "純粹"的童話王國。他的《頌歌世界》很清楚地說
明了這一點，詩中他給讀者描繪的圖景是童話式的，而且是童話
裏鬼魅出沒的世界：

　　　　她老在門口看張大嘴的陽光
　　　　一條明亮的大舌頭
　　　　在地上拖著
　　　　早晨的死亡
　　　　甲蟲從樹枝突然跌落
　　　　一條明亮的大舌頭
　　　　鮮豔的車輛在空中變甜，一級級頌歌世界

16 《顧城棄城》，團結出版社1993年版。

一條明亮的大舌頭
早晨的頌歌世界

　　——顧城《頌歌世界》

　　顧城的唯一性和重要性在於，他是朦朧詩人中一個以童真的孩子形象確立了自己詩歌的和人格的獨特性的詩人，他的藝術創作主要是吸取了東方文化的養分，從中國古代哲學、宗教、詩歌、建築、繪畫中抽取了虛空、靈動、清逸的精髓，建立起自己靈性意識的藝術觀念的。[17] 當然，他也非常善於將這種東方的藝術精神與西方現代詩學觀念相互貫通，因此他的詩歌既有東方的情韻，同時又不失現代性的"純詩"意味。

　　如果說神話詩人追逐著人類揮之不去的童年夢，那麼童話詩人則尋找他自己漸行漸遠的童心。顧城在談到朦朧詩時，有一個獨特的視角："我只說被稱爲'朦朧詩'又被稱爲'新詩潮'的類現代主義詩歌藝術，生自'文化大革命'，生自那片人造的原始混沌、空白和毀滅的光芒，他們的作品在一個時期，都不約而同地寫到孩子，或用小孩子的方式來表達痛苦、期待，他們所經歷的感情瞬間，和人類遠離的天真時代無意相合，這種巧緣使他們在明慧、完美難於更動的東方傳統之上，輕易增添了一點可愛之處。"在顧城看來，所謂用"孩子的方式"觀察和探索外部世界，同時又揭示成人世界裏的深刻，不僅可以是"可愛的"或詩的，而且可以用東方的藝術方式給現代詩歌藝術增添一點新質。他甚至期盼：中國詩人能夠"真的超越了天地生滅的法則"，看到東方古國的"無不爲"意識和中國當代藝術的真正作爲和結

---

17 張捷鴻：《童話的天真——論顧城的詩歌創作》，《當代作家評論》1999
　　年第 1 期。

果。[18] 這或許可以看作是東方詩人運用 "東方的智慧" 對於現代詩歌藝術作出的有益思考，或許也可能是中國現代詩歌的一個真正出路。

三、"詩意的棲居"：意象與語言

凱西爾在他的巨著《符號形式的哲學》(**Die Philosophie der Symbolischen Formen**) 中以符號形式的範例揭示了創造性想像的本源，認爲語言由本身的性質所決定，在智力上一直起著兩種作用：一方面靠命名手段使經驗中未定名的因素固定下來，化爲實體；另一方面對這些已命名的實體抽象出它們之間的關係概念。[19] 詩歌語言作爲創造性想像的符號形式，當然毫無例外地是表述經驗本質的語言，但還有其特殊性，即詩人筆下的每一個詞語，都要創造詩歌基本的幻像，都要以詩的方式展開現實的意象，以便使其超越詞語本身所暗示的情感和意義，指向新的關聯性的情感內容。

詩的經驗表明：詩的基本符號就是意象和語言，詩意的棲居之地也是意象和語言。意象是詩人思維的語言，而語言則是命名的語言。由此構成的詩，都有 "法則" 在起作用。這種 "法則" 在不同的詩人那裏有不同的解釋，例如葉芝提出 "面具理論"，主張詩人躲在抒情主體的對立面 —— "他者" 的意象或戲劇性情景的背後，渴望新的經驗的話語表達；而艾略特注重抒寫把思想和說話合二爲一的 "內心獨白"，並總結出四種言說方式：一、對他人說話；二、互相說話；三、對自己說話；四、對上帝說話，

---

18 趙毅衡編選：《墓床》，第 170 頁，作家出版社 1993 年版。
19 轉引自蘇珊・朗格：《生活及其意象》，見《西方現代詩論》，第 508 頁，花城出版社 1988 年版。

企圖通過分離內心獨白的微妙層次，達到對應、精微的象徵，流溢出詩人自己的意見。[20] 但無論哪一種詩歌經驗，最終仍然無法繞開意象和語言，所以正是在這個意義上，"詩歌"同詩歌的意象和語言就變成了同義詞。

　　意象是一個既屬於心理學，也屬於文學研究的物件。心理學中，"意象"一詞表示有關過去的感受、知覺上的經驗在心中的重現和回憶，而這種重現和回憶未必一定是視覺上的，還可能是味覺的、嗅覺的，甚至還有"熱"的意象和"壓力"意象（"動覺的"、"觸覺的"、"移情的"）。可見意象所能生成的效果，是因人而異的，或如理查遜所說的："使意象具有功用的，不是它作為一個意象的生動性，而是它作為一個心理事件與感覺奇特結合的特徵。"[21] 作為意象主義詩歌運動的實踐者和理論家，龐德（E·Pound）對"意象"作了如下定義："意象"不是一種圖像式的重現，而是一種在瞬間呈現的理智與感情的複雜經驗，是一種各種根本不同的觀念的聯合。[22] 從此不難看出，在西方詩學看來，意象可以是視覺的，也可以是聽覺的，或者可以完全是心理上的。

　　在我看來，朦朧詩藝術的成功，差不多就是意象藝術的成功。這個論斷可以從兩個層面上得到映證。首先，歷史地看，朦朧詩對"意象"的運作和實踐，不僅是對中國古代詩歌傳統中長於"意象"藝術思維方式的深度回歸，從而使西方意象主義詩人從東方詩國尋找經驗的藝術"復活"，而且也是對斷裂近三十年的中國現代主義詩歌傳統最重要的修復與承接。眾所周知，"意

20　裘小龍著：《繆斯的空間》，第 162 頁，上海文藝出版社 1988 年版。
21　I·A·理查遜：《文學批評原理》，倫敦，1924 年，第 16 章《詩的分析》。
22　楊匡漢、劉福春編：《西方現代詩論》，第 378 頁，花城出版社 1988 年版。

象"方式，曾經是以李金髮爲首的"象徵主義"和戴望舒、何其芳、卞之琳等人的現代主義詩人的自覺運用，並漸趨成熟的藝術，但由於多種原因，後來一個時期"意象"被政治白話和民歌體的書寫方式所擠兌，幾近絕跡，因此"朦朧詩"對意象藝術的全面恢復與拓展，就顯示出其深刻的歷史意義和詩學價值。其次，就朦朧詩的意象抒寫所帶來的藝術革新和藝術價值而言，它在建構中國現代詩學體系中的位置同樣是重要的，誠如謝冕所言："新詩潮除了變革和拓展傳統詩歌內涵向著精深沉厚方面推進之外，其在詩藝革新方面的最大貢獻即在於大幅度引進意象化方式而爲新詩注入了鮮活的生機。用意象的暗示或隱喻取代以往那種明白無誤的敍說或抒發；用意象的組合和構築取代以往那種平面拼湊的說明和證實；意象的'魔法'的確攪亂了'井然有序'的詩歌生態。" 23

　　從朦朧詩"崛起"到逐漸確立藝術規範，朦朧詩建構的意象符號系統也隨著社會語境和個人經驗的遷移，呈現出不同的美學意向。早期的詩歌中，朦朧詩面臨著與歷史暴力的對抗，其生成的意象多染 "苦難"色彩，如死海、夢、血腥、黑夜、殺戮、塑像等，表現在詩歌形式上，爲節奏急促、音節短促有力、意象奇崛多變，整個地顯示出一種激烈、狂暴的風格。24 歷史的轉機，使朦朧詩人獲得了一種獨立於文化歷史之外的"自我意識"，他們發現"自我"的塑像其實聳立在一片廢墟之上，這時詩的意象也就蛻變爲"荒原"式的圖景，如蛛網密佈的古廟、龍和怪獸、

23 謝冕：《意象符號與情感空間——詩學新解》序言，中國社會科學出版社 1990 年版。
24 張閎：《北島，或關於一代人的"成長小說"》，《當代作家評論》1998 年第 6 期。

殘缺斑駁的石碑、泥土中復活的烏龜等，歷史之路在這裏似乎已到盡頭，恰如北島所說的："路從這裏消失/夜從這裏開始"（北島：《島》）後期朦朧詩在重構"中國史詩"和"文化精神"的話境中展開新的創造，詩壇湧現出一大批"文化巫師"般的人物，他們爲自己的詩歌尋找了一批新的"象徵物"，如大地、小麥、高粱、葡萄，以及上古文明的遺址和器物殘餘、創世的物質元素（金木水火土之類）。他們"借助於古老的文化幽靈的神秘魅力，他們的聲音顯得十分奇特，而且富於媚惑力，因而，它很快也感染了理論界和小說界。一時間，文壇一派喃喃的'文化咒語'之聲，彷彿正在舉行一個盛大的招魂儀式。"[25]

　　但是，詩歌並非一個以單一的符號系統表述的抽象體系，它的每個詞既是一個符號，又對應一個心像。朦朧詩以"意象"作爲自己最爲重要的構件，並且以動態的意象組合生成詩意，幾乎先天地決定了詩對意象的依存關係。朦朧詩要保持活力，就必須以意象的新穎、獨特，以及藝術運思的創造性爲前提。然而，這種意象藝術在朦朧詩後期卻已明顯走向封閉和僵化。陳旭光從藝術本體角度，揭示了朦朧詩何以功能衰竭之"病根"："意象藝術之追求'言外之意'、'韻外之旨'的藝術思維方式使詩歌生成深度空間的同時，不但使意象藝術重墮爲表情達意言志的手段技巧而日益削弱其詩歌本體意義，而且某些意象的反覆使用，寓意的淺狹單調而形成的意象類型化及定型化則必然遭致了原先曾帶給人們的'陌生化'的感覺的磨損乃至耗盡。意象在詩歌中過於密集的排列，也使詩歌喪失了可能具備的活力、流動感和想像

---

25 孫文波等編：《語言：形式的命名》，第 304 頁，人民文學出版社 1999 年版。

力空間。"²⁶ 因此我們終於看到了中國新詩蹣跚學步時的窘態：
雖然做新詩的人自命他的詩爲有生命的文字，和舊詩大不相同，
然而老實說來，他們和舊時吟風弄月的酸秀才也就差不了許多。
歷史驚人地相似，當朦朧詩人"陳述"出的諸多啓示給委頓的詩
歌注入活力，隨之而起的是"成千上萬的詩人搶奪二三十個語
彙"的詩壇奇觀，詩人又成了"吟風弄月的酸秀才"。後朦朧詩
看到了以往詩歌陷入了"意象的泥坑"，轉而從較少文化惰性的
口語、俗語、日常用語中別創新路。他們以新的"意象"和口語
化寫作，戲擬日常語言以表現日益破碎的現代生活，展開了"第
二次漢語解放運動"。

　　任何文學藝術，最終都可以歸結爲語言問題。浪漫詩哲海德
格爾以爲："語言是存在的房屋"，指明先驗的"存在"與人的
"此在"都必須訴諸語言才能得到命名，而其最終歸宿仍是語
言。同時他還由此說明詩的本質："詩絕非把語言當作手邊備用
的原始材料，毋寧說正是詩第一次使語言成爲可能。詩是一個歷
史的民族的源始語言。因此，應該這樣顛倒一下：語言的本質必
得通過詩的本質來理解。"²⁷ 所以說，詩把存在引入語言，使語
言成爲存在的家園，人棲居於語言之中，也就是棲居於存在的亮
光之中。

　　詩的語言當然是詩人的創造，但同時也是在一定語境和文化
薰染中生成的。如同羅蘭・巴特提出"無傳統寫作"，中國百年
新詩語言也正是在這樣一種前提下不斷地沖決幾千年沿襲下來的
古代漢語的桎梏中逐漸形成與發展起來的。與中國古典詩詞比

---

26 陳旭光：《中西詩學的會通——20 世紀中國現代主義詩學研究》，第 331
　　頁，北京大學出版社 2002 年版。
27 劉小楓：《詩化哲學》，第 248 頁，山東文藝出版社 1986 年版。

較，新詩絕對是特殊語言的寫作。新詩語言幾乎是在零點起跑線上，經過數代人的嘗試和實驗逐步完善、成長的，它與孕育它的母體——中國傳統文化和西方現代詩歌密不可分。

　　朦朧詩在中國新詩的語言流變中，無疑可以被看作是重要的一環。其重要性，主要體現爲它順應了中國大的語言環境（文化情景）和自身訴求，在歷史鏈條中處於承前啓後的轉捩點。王一川在《近五十年文學語言研究劄記》[28] 一文中，考察了包括朦朧詩在內的新時期文學的特殊語境："自'文革'結束和'新時期'開始，文學被納入到一種新的文化軌道中：'思想解放'。思想解放，就是思想上的啓蒙或覺悟。這樣，不再是被動地順應大眾的政治整合，而是主動地提升大眾的思想解放，成了文學界的一項新的緊迫任務。要完成這項思想啓蒙任務，就需要首先清理和揚棄大眾群言，因爲它必然地爲著順應大眾旨趣而壓抑住文人自己的高雅或精緻語言，這樣，思想解放在文學語言上首先就表現爲對語言俗化或大眾化的一種反撥——語言的文人化或雅化。"確實，在這個特殊時期，詩人或作家作爲社會的"精英分子"，應當以屬於自身的高雅語言去啓蒙大眾，把他們從蒙昧或蒙昧境地提升到文明的或理性的高度，這是文化"精英"們對民族語言的應盡之職。當時的"語言雅化"進程，主要開掘了以下語言資源：1、"五四"以來的文人化語言傳統，這一傳統自 1949 年起已被迫中斷，需要重新嫁接起來；2、歐美語言影響的復活。走出俄蘇語言的城堡，人們重新從西方古典文學和現代主義文學原野上發現了新的語言生機（這種復活的火焰最初由文學青年們對被禁的"歐美資產階級內部讀物"的偷讀中點燃，後來引爆了

28　《文學評論》1999 年第 4 期。

以語言革命爲標誌的"朦朧詩"運動）；3、新的以"思想解放"
爲主導的語言實踐，力圖發掘蘊含在文人化語言中的理性因數，
去消除"文革"政治蒙昧給大衆造成的內外創傷。恰是因"語言
雅化"形成的"精英獨白"式語言，我們藉此在朦朧詩中可以強
烈地感受到精英們對於政治專制的堅決的抵抗籲求和對個體自由
的激烈吶喊。

　　但是，詩的語言既是語言環境生成的，更是與個體生命互動
的。詩的語言不能事先被拿來，而是與詩歌一同分娩誕生。伴隨
話境的變化，朦朧詩人已經感受到來自本體的壓力：如果詩歌藝
術與"現實世界"或"理念世界"保持過分直接的聯繫的話，那
麼詩必然因理性話語的枯竭而耗盡生命。朦朧詩後期走出"世界
實在"（象）經由詩人主體仲介（意）的"一度修辭"或"一度
變形"構建的"單語"世界，開始走向獨立自足的詩歌話語世
界，也就是向"純詩"方向移近。這個語言世界的實質，是瓦萊
里所說的："語言是一種普通的、實用的東西，……詩人的問題
是必須從這個空間的工具吸取手段來完成一項從本質上來是或無
實用價值的工作。我早已說過，他的任務是創造與實際事物無關
的一個世界或一種秩序，一種體制。"29 這在朦朧詩人的表達中
則爲："語言是詩的初衷和最後目的，語言也是詩面對人類生存
的唯一臨界點。" 30

　　對詩的語言關注還涉及到詩的音樂性的問題。音樂所具有的
暗示性、聯想性和流動性，恰恰是現代詩人所渴望、尋求的。朦
朧詩早期因抒情性濃郁，具備一種古典優雅的浪漫氣質，其音樂
特質是明顯的，如舒婷的低吟詠唱，北島的短促有力，顧城的靈

29 瓦萊里：《純詩》，見《現代西方文論選》，上海譯文出版社 1983 年版。
30 楊煉：《詩的自覺》，《當代文藝探索》1987 年第 2 期。

動飛揚，都有一種可歌可頌的音樂之美。但是，在朦朧詩轉型之後，他們把詩的"智性"認作詩的唯一追求，而把詩之爲詩的一些外在形式忽略了，留下了新詩語言缺乏音樂性的隱患。朦朧詩後期大量詩作，無論是所謂"純詩"或"神話詩"寫作，都不同程度地存在著這種缺憾。對於朦朧詩以後新詩忽視"音樂感"的傾向，老詩人鄭敏不無憂慮地指出："詩歌音樂性問題對於新詩作者長期以來都是一個很大的問題。有很多詩更適合視覺或想像上的審美，而在聲音上則粗糙詰屈。"31 在我看來，中國新詩要在語言的音樂性上有所突破，我們的詩人和語言學家都應當更深入地研究漢語的音樂規律，從而發揮現代漢語的優勢，向世界重新展現我們自身。

---

31 2001 年 2 月 14 日《中國文化報》。

附錄一

後朦朧：新的詩學指徵
——"後新詩潮"回顧與新世紀展望

徐國源

　　朦朧詩之後，有一批更年輕的詩人走上詩壇，成爲主角，有人稱之爲"更年輕的一代"、"第三代"、"新生代"，後來有些研究者又使用了"後新詩潮"、"後崛起"、"後朦朧"、"後現代詩人"等概念，藉以指稱這些更年輕詩人的各種新詩實驗運動。一般來說，"第三代詩"或"後新詩潮"，指稱的即爲誕生於 20 世紀 80 年代中期以後、有別於"朦朧詩"寫作傾向與美學風格的一種詩歌實驗潮流。

　　眾所周知，第三代詩人是以喊出"打倒北島"口號爲其開端的，它的"反叛"幾乎撼動了幾十年來業已形成的詩歌觀念的框架，同時也使詩歌的面目越來越模糊。如果從正面評價它的探索意義，那麼後新詩潮的出發點是要破除僵化的詩歌傳統，特別是現代詩歌傳統，從而重新獲得心靈表達的自由。正是基於這一點，有論者指出它的積極意義："如果說'五四'新詩是中國詩歌史上第一次最徹底的反傳統運動，那麼'後新詩潮'則是中國詩歌史上第二次最徹底的反傳統運動。"[1] 我們認爲，這種評價並非全無道理。

---

1 龍泉明《後新詩潮的藝術實驗及其價值》，《天津社會科學》1999 年 3 期。

"第二次背叛"：否定性的深度展開

葉維廉先生曾意味深長地指出："現代詩歌之初起，也許初衷是反叛，但落實到實踐，往往較複雜。"[2] 這一有關中國現代新詩史的論說，很好地描述了現代詩歌在其流變過程中的有趣現象：新詩就像希臘神話中既美麗又恐怖的蛇髮怪獸那樣，總是在變異與守衡、創新與傳統的扭結中得以延展生命；在不斷的來回交戰、對話，而非簡單的一方壓倒另一方的矛盾膠著中，新詩得到螺旋式的深度展開。

自第三代詩人扛起"反旗"，實際上便走向了一條與傳統詩歌理論背道的不歸路。雖然各種詩派所走出的路有遠近，但對詩歌傳統審美規範的消解和對詩歌古典精神的顛覆是一致的。以非非主義爲例，他們在明確提出創作"三逃避"（逃避知識、逃避思想、逃避意義）、"三超越"（超越邏輯、超越理性、超越語法）的基礎上，進而提出"三還原"（感覺還原、意識還原、語言還原）等等，這種大膽的主張已公然地宣告了與人們固有的詩歌觀念乃至文化觀念的"斷裂"：

> "非非主義詩歌方法"的全部用意不過在於把一切前人的，別人的，聽來的，撿到的，甚至通過遺傳繼承而來的已成爲精神個體創造負擔並妨礙精神個體獨立創造的東西從詩人藝術家的頭腦中清除出去，以便使其獲得純粹的創造意識，展開絕對的創造活動。這種清除在創造過程中爲"三種還原"（感覺還原、意識還原、語言還原）。在作品形成後爲"三種處理"（感覺處理、意識處理、語言處理）。其中有關"語言還原"和"語言處理"部分便是非非主義的

---

2 《詩探索》1994 年 1 期，第 178 頁。

語言意識。這種意識自覺於對語義世界的不信任，展開於"超語義"的創作實踐。這代表了"第三代"詩歌藝術探索的新趨向。3

非非主義代表詩人周倫佑的這段話，見諸與上一代詩人葉延濱的論爭，它不僅用銳利的尖刀劃清了代際之間的界限，也直接捅向中國傳統文化和詩學。這樣一種決絕態度，雖然在以前的浪漫主義詩歌和朦朧詩人那裏，已經有過一些類似的表現，但絕對沒有達到像後新詩潮那樣強烈的程度。

問題是我們對待"第二次反叛"的態度，以及相應的詮釋視角。面對以"先鋒"姿態出現的新進力量，研究者有理由提出質疑：後新詩潮以否定性姿態出現，是精神遊戲式的藝術折騰，還是追求藝術的獻身衝動？是嘩眾取寵的"新瓶裝陳酒"，還是確實為詩歌的歷史性變革提供了契機？也許答案不止一個，但有一點可以肯定：後新詩潮給詩壇帶來了極大的混亂，同時也帶來了掙脫傳統慣制的可能，並且在他們撞擊的文化裂縫中還可能出現新的生長點。陳寅恪先生曾斷言說："歷史的發展，總是以一個時代淘汰另一個時代的精華為代價"，後新詩潮以"淘汰"為開始，並非沒有創造另一個時代精華之可能。

與此形成輝映的，是後新詩潮的詩歌創作以及圍繞它的種種解讀。大量的第三代詩在他們撞開的文化裂縫中生長繁衍，為中國詩歌提供了一次"斷奶"的可能性實驗，同時也招致了種種不同的反響。例如圍繞伊蕾的《獨身女人的臥室》的批評，就足以構成值得回味的"現象"。該詩在《人民文學》發表後，即刻在社會上引起不同看法，稱道、讚揚者有之，批評、貶斥者更不乏

---

3 周倫佑《語言的奴隸與詩的自覺》，《當代詩歌》1988 年 3 期。

人。著名詩人梁小斌在信中肯定說：“您的詩，通篇都是自發的，包括表達真實心境而必須有的奇妙語言。您的詩從誕生起，從孤獨往下走，您終於向著您所面對的一切，逐漸轉過身去……您的才華在於您的反叛。當您脫去了許多外衣，通過自己的肢體來美化自己時，難道還有什麼東西可以脫去嗎？叛逆到此為止，再往下想問題就比較殘酷了。您的詩被一大群閱讀者暗暗接受著。當然，您的詩不符合某些人的口味，在他們眼裏，您具有叛逆性，但現在仍有新潮派的讀者覺得您的詩是他們的心曲。”與此形成鮮明反差，另外兩位詩人王小蟬、藍貝在《文論報》上驚呼，伊蕾等這些自稱願做“黃色罪犯”和“黃色的放蕩的女兒”的女詩人，竟“打開了女人或獨身女性所有的性心理之門和通往肉體快感秘密經驗的歷險之路，沉醉在變幻莫測的情欲酒盞裏和快感的幻夢裏不能自拔”，在分析這股詩潮的發生、發展時，王小蟬斷然認為：這是新詩潮的“清新之風”，變成了黑風、黃風和夾雜著沙子、酸雨的風，一味地反文化、反傳統、反理性，“從超越理性到背叛理性，直到把自己鮮活的藝術生命送上絕路。”[4] 兩種截然不同的態度，標明了第三代詩歌在不同的視閾內的意見對立，也表明這種“斷奶”實驗，可能在相當長的時間內註定只會是一種慘澹經營。

　　後新詩潮以“反……”的面目展開的深度實驗，是對中國傳統文化和詩歌觀念的“顛覆”和背離，同時它的許多理論和實踐卻不期然與“後現代”文化因數對接起來了。許多批評家幾乎都指認了這樣一個結論，即後新詩潮具有後現代性或後現代傾向。主要的代表性意見有：

---

4 夏日閒人《毀譽不一的〈獨身女人的臥室〉》，《作品與爭鳴》1990 年 9 期。

(1) 沈天鴻：“後現代詩的拒絕，主要是以解構策略進行的；解構，使其文本成爲感性的領域。這種種解構，例如以粗魯解構文雅，以痞味、故作正經解構嚴肅、一本正經，以通俗化解構權威性，都很明顯地具有商業文化的流行性。中國後現代詩歌的流行性，也表明它是作爲文化現象的‘後現代性’與作爲表意釋義方式的‘後現代主義’混淆在一起的。”

(2) 劉春：“第三代詩人以逆反與挑戰者立場登場，而逆反與挑戰總緣於‘另一種忠誠’，包含著目標與手段的自覺。……閱讀作品文本，使我們忘記了一個個憂心忡忡、憤世嫉俗的書寫者，而置身於純淨的終極性的絕望中。這種絕望如此徹底，以至它根本不願涉及意義與本質，而滯留於物質與語言中。因此，它與後現代主義有了極爲相似的一點：即消解深度。”

(3) 王寧：“基於‘後現代性’這一可用於闡釋同時代作品甚或過去的以及非西方的文本的閱讀闡釋立場，我們還可以在後新時期的詩歌中讀出更多的‘後現代’因素。”5

儘管以上一些觀點，都不約而同地爲後新詩潮貼上了“後現代”的標籤，但恐怕仍然會招來許多爭議。一種有代表性的詰問是：對於中國這樣一個第三世界國家，是不是真有“後現代”？

論者的看法是，自 80 年代以來中國的一些文學本文具有後現代傾向，是無法回避的事實。我們以爲：後現代主義並非只有西方一種模式，早在 70 年代末、80 年代初，後現代主義就被逐步引入中國以及其他東方國家，並在與當地本土文化和文學的交

---

5 王寧等《當代詩歌中的‘後現代’問題》，《詩探索》1994 年 3 期，第 55-62 頁。

融和互動過程中，後現代主義已經滋生出形式各異的變體。在特徵上，後現代主義與現代文化的一般區別在於：後者是對前文化的延續，而前者卻表現爲一種斷裂；後者是神性的，前者是人性的；後者面對一個整體化世界，前者面對一堆精神碎片；後者追尋一種形而上的絕對精神，前者紮根於真實的現實生存場景；後者追問過去和未來、記憶和預言、太初和終極，前者直接面對今天、感性，面對此時此地的"當下"，以及人類的生存狀態等等。

　　也許，這仍然只是一個大致的概括，而且後新詩潮也不可能完全按照上述指標對號入座。但總體上說，後新詩潮已經把觸角伸向後現代主義的新鮮土壤中是確鑿無疑的，正是在這個層面上，後新詩潮的"否定"或"背叛"，顯示出它可貴的探索價值。

實驗：後新詩潮的詩體建設

　　後新詩潮興起之初，將主要精力集中於對"舊"的破壞，企圖竭力掙脫各種因循習性的束縛，因而對自身的建設較少顧及。這種對藝術建設忽視的傾向，令人想起梁實秋先生早年對"五四"時期詩歌狀況的批評："新詩運動最早的幾年，大家注重的是'白話'，不是'詩'。大家努力的是如何擺脫舊詩的藩籬，而不是如何建設詩的根基。"[6]中國新詩的發展，一再在這種歷史性迴圈中重複著"破壞——建設——破壞"的"叛逆者"宿命。

　　沒有像朦朧詩告別昨天那樣，與傳統勢力展開無休止的"拉鋸戰"。後新詩潮很快果敢地從嘈嘈營營的喧嚷中走了出來，並且開

---

6 梁實秋《新詩的格調及其它》，轉引自謝冕《從詩體革命到詩學革命》，《詩探索》1994 年 1 期。

始用自己的創作實績和理論捍衛自己的地盤。無疑，這是一批剛剛從毀壞的廢墟上著手創造的"先鋒"，因而那些在文化裂縫中生長繁衍的詩歌，顯得格外奇特、生動，當然也不免稚拙。後新詩潮鑒於其未來發展的可能性，同時也是爲了拓展自由飛動的精神空間，暫時以"藝術實驗"的名義展開。事實上，第三代詩歌的本體特徵，就是在"實驗性"的口號中得以書寫的。

　　如前所述，後新詩潮是以"群落"形式割據成各個派別的，詩歌景象並不完全一致；而"實驗性"的表現，又加劇了它的"搖擺"和不確定性。這裏，本文將撇開後新詩潮某些因論戰之需的"喧囂"口號和僞詩等"泡沫"成分，通過分析第三代詩的本體特徵，探討後新詩潮在詩體建設方面所做的努力：

　　1. 自足的詩歌世界建構。建立自足的詩歌世界，可以說肇始於新詩的誕生之日。先驅者胡適從清末 "詩界革命" 沒有能夠帶來詩體大解放的教訓中，已經體認到新詩自身建設的歷史繁重性。在本世紀漫長的詩歌本體探索中，雖然沒有明確提出創建自足的詩歌世界的說法，但所有成功或失敗的新詩 "試驗" ，都無不與這一歷史性命題有關。直至八十年代初，北島從詩歌面臨的危機中體悟到："詩人應該通過自己作品建立一個自己的世界" [7] 首次明白地提出詩歌有一個 "自己的世界" 。之後，楊煉在理論上又將北島的觀點推進了一步，指出詩歌實際上可以成爲具有 "自足性" 的 "智力空間" ： "一首成熟的詩，一個智力空間，是通過人爲努力建立起來的一個自足的實體。詩的能動性在於它的自足性。" [8] 在這一表述中， "自足性" 的提法顯然超越了抒情言志的傳統詩論，也悖離了相當長的時間裏過分強調的詩歌的

7 參見《上海文學》1980 年 4 期 "百家詩會" 。
8 轉引自王光明《艱難的指向》，第 113 頁, 時代文藝出版社 1993 年版。

社會功利主義。

　　這一切構成了新的歷史條件下詩體大解放的必要前提和重大特色，也無不昭示著詩向本體回歸的時代主題。後新詩潮直接承繼了前人開創的成果，以更加“前衛”的姿態宣稱“回到詩歌”、“回到個人”，指認自己的寫作爲“個人化”、“私人化”或“純詩”寫作。其特點是：

　　(1) 游離功能主義，回到“語言世界”。後新詩潮以爲，詩的創作不是詩人的塑造而是詩的完成，詩人的責任感只是審美上的，個人消失在詩中。他們特別強調，“一部作品的完成，是指作品獲得了它的自足性”，“詩人和任何非詩人的責任感無緣，或者他不能利用詩歌的形式以達到他個人政治的、社會的、道德的或其他價值判斷方面的目的。”詩歌本質上是一個“語言世界”：“詩從語言開始”，“到語言爲止”。

　　(2) 消解詩情，還原於生活本身。後新詩潮一反抒情傳統，不再是那種“美好”、“美妙”的詩情的抒發，而是以前所未有的平常感和幽默感來體現當代詩人對人類生存境遇的極度敏感。無論是“非非主義”的“三逃避”、“三超越”，還是“他們”提出的“回到個人”、“回到詩歌”，究其實質都落實到對原態生活的“還原”，而詩人只是賦予其生命形式。如于堅的《作品第39號》、韓東的《你見過大海》、李亞偉的《中文系》、何小竹的《太陽太》、王正雲的《北方》等作品，摒棄了以往詩歌對應深度精神的象徵世界，消解高雅或故作高雅的詩情，而是代之以粗鄙化、俚俗化、日常化的語言，還原出“生活流”的平常真相。

　　(3) 拒絕成規，敞亮“智力空間”。第三代詩人大都認同瓦雷里對“純詩”的界定：“純詩不如說‘絕對的詩’好，它應被理解爲一種探索——探索詞與詞之間的關係所引起的效果；總之，這是由語言支配的整個感覺領域的探索。" [9] 由此作爲對詩本體深度追尋的出發點。他們一般拒絕襲用傳統詩歌的言志、抒情的審美範式，而是敞開智力空間，開拓漢語詩歌中的智力因素。在後新詩潮那裏，智力已不再是局限於社會——文化批判的理性工具或簡單的人生哲理，而是一種詩歌所需要的特殊的生命資源。"智力成爲感官的哲學、直覺的幽默、語言的機智和形式的奇幻。它不是來源於書本的知識和經驗進行編碼——解碼——再編碼的生命機能。智力存在於無意識之中，操縱著人對外部的反映並維持著人們精神的自足性，情感、意志、思辨等僅僅是它的一些表像。" [10]

2. "語言論轉向"：開拓話語空間。後新詩潮的實驗傾向最引人注目也最爲第三代詩人津津樂道的，是"以語言爲中心"的詩歌變構。鑒於此，因而有些詩評家把後新詩潮稱之爲"語言運動"。當然我們不會忽視，這種"語言癖"的緣起有它的世界性氛圍，我國當代詩學理論界掀起的"語言熱"，實際上是對西方20世紀以來直到現在仍在持續的"語言論轉向"（Linguistic Turn）的對接。

所謂"語言論轉向"，本是當代西方學術界用來概括西方20世紀哲學、美學、文藝學諸領域研究範式之革命性變革的術語。正像語言論哲學取代本體論和認識論的哲學而"第一哲學"一樣，以語言爲中心的語言論美學或詩學也迅速取代了以理性爲中心的認識論的美學或詩學。這是理論批評的一次重大戰略轉移。在詩學理論領域，英美新批評、法國結構主義、後結構主義都把

9 瓦雷里《純詩》，《現代西方文論選》，上海譯文出版社 1983 年版。
10李震《文化裂縫中生長的詩歌》，《詩探索》1994 年 3 期，第 132 頁。

研究重心移向語言，強調作品本文實際上是一個通過語言構築起來的自足的"語言世界"，凸顯了語言在文本中的意義。"這場肇始於索緒爾語言學的'哥白尼革命'涉及了幾乎所有人文學科，開啓了對文化、人、文學藝術等的全新理解。"[11] "語言熱"在中國升溫始於 80 年代中期，並一直延續至今而不見降溫。

中國詩歌在對外來文化的"拿來"方面，歷來是果敢而迅疾的。當海德格爾、索緒爾和羅蘭·巴爾特的語言符號學理論剛被引介到國內不久，後新詩潮即刻用語言實驗爲之做了不乏生動卻也難免生吞活剝的注腳。在詩界，最早提出"語言革命"的大概是《非非》創刊號。1986 年春，當時的中國文化界、批評界，還遠沒有認識這幾個字給後來我國的文藝創作和理論帶來的豐富意義，"語言問題"就成爲《非非》泛文化理論的一個重要內容，被明確提出來了。非非主義喊出"詩從語言開始"，由此還在理論的繁衍中提出了諸如"語感"、"語暈"等子題。之後"他們"詩派和"海上詩群"也各自提出了"詩到語言爲止"，和"語言發出的呼吸比生命發出的更親切、更安詳"等口號。伴隨語言"潘朵拉"的打開，後新詩潮開始了他們稱之爲"變構語言"的努力，期望通過語言探索"重新收復'漢語'一詞一度被普通話所取締的遼闊領域"[12] 從"語言"之門打開漢語寫作的秘密通道。他們的"語言論轉向"，大致反映在以下幾個方面：

(1) 語言中心論。這是後新詩潮實現"語言論轉向"的出發點，也是其基本歸宿。周倫佑在《變構：當代藝術啓示錄》[13] 中

11 陳旭光《論當代詩學理論建設的語言論轉向》，《詩探索》1994 年 2 期，第 44 頁。
12 于堅《1998 年中國新詩年鑒·序言》，轉引自王光明《後新詩潮》，《南方文壇》1999 年 3 期。
13 參見《非非》1986 年創刊號，第 57 頁。

認為："詩歌既然以語言爲載體，便是接受了一種傳統；它雖然通過對語法的規則的偏離以超越語言，但它最終不能不接受一種限定：語言的限定。" 這裏明顯保留著詩人對語言的敬畏和尊重。在第三代詩人那裏，詩就是對語言的凸現，在語言面前，甚至可以犧牲意象、"消滅意象"，用來代替意象審美方式的是"語言再處理"的主張。確實，在後新詩潮那裏，許多詩人只看重語言的"能指"和繁殖力，思緒在語言中滑翔，導致對詩歌更本質方面的忽略和遺忘，使許多詩成爲淺薄的語言遊戲和語感訓練。90年代以後，部分詩人不再把語言看作神聖的中心而迷戀它，認爲應該從理論上把一個顛倒了許久的問題顛倒過來：詩人不是以語言爲目的，而是以詩爲目的；不是語言純化詩，而是詩純化語言。這標明後新詩潮已經漸漸從"語言中心"的誤區中跋涉出來。

(2)"超語義"寫作。非非主義詩人藍馬是這樣闡釋"超語義"的："通過語言超越語言，靠語言背叛語言，同時將語言從語言的僵化進程（語義化過程）中不斷拯救出來，使語言不斷重新持有向上超越的真氣。"[14] 這裏，他們排斥語言的價值結構，清除語言中的評價詞語，終止語詞的"比喻義"、"引申義"等，迷戀於言說的解放和歡娛感。但問題是，語義真是能超越的嗎？詩真與語義水火不相融嗎？"如果真有一種藍馬所謂的非語義、反語義、超語義的詩，那一定是非人類的、非語義的，拒絕任何人閱讀、理解、感受的。"[15] 無論什麼詩歌，如果它還需要被人閱讀、理解，就必須是語義的：只不過這種語義不一定是"物指"的，而是"能指"的，並且以開放的姿態不斷生成著。

(3)日常語言的戲擬。新詩的危機，從很大程度上說是語言的

14 參見《作家生活報》1988 年 11 月 25 日，第三版。
15 王潮《變構語言的努力》，《詩探索》1994 年 2 期，第 114 頁。

危機。20 年代初期就有人提出 "照會"： "雖然做新詩的人自命
他的詩爲有生命的文字，和舊詩大不相同，然而老實說來，他們
和舊時吟風弄月的酸秀才也就差不了許多。" 16 歷史驚人地相
似，當朦朧詩人 "陳述" 出的諸多啓示給委頓的詩歌語言注入活
力，隨之而起的是 "成千上萬的詩人搶奪二三十個語彙" 的詩壇
奇觀，詩人又成了 "吟風弄月的酸秀才"。後新詩潮詩人看到了
以往詩歌語言因襲的負擔，從較少文化惰性的口語、俗語、日常
用語中別創新路。他們以口語化寫作，戲擬日常語言以表現日益
破碎的現代生活，展開了 "第二次漢語解放運動"。

　　當然我們也看到，後新詩潮的 "語言論轉向" 同樣也潛伏著
新的危機：一方面， "口語化、粗鄙化、禮俗化" 的口號很可能
銷蝕詩歌的純粹性，模糊藝術與生活的界限；另一方面，崇尚語
言並不是詩歌的不二法門，正如海德格爾早就憂心忡忡地指出的
那樣： "語言不僅是險中之險，而且語言中還隱藏著對語言自身
的持續的危險。"

　　3.本體蛻變：審美方式與藝術取向指徵。紀德說過：所有民
族和時代的詩人，都在自己特定的空間裏寫作。生活在世紀末的
第三代詩人，面對急劇的社會變革和文化流變，他們的文化心理、
價值取向和審美意識都在發生深刻的嬗變。詩人們必然會按照自
己的 "法度" 諦聽心靈的真實聲音，開掘潛藏於情感深處的詩
的美學，逐漸構建一種嶄新的詩歌格局。我們以爲，第三代詩歌
的本體蛻變，本質上講是詩人的審美方式和藝術價值取向的 "移
位" 造成的遞嬗，因此也只有深入到這一詩潮的核心部位，才能
把握住它的本體流向。在我看來，後新詩潮的審美方式與藝術取

---

16 濟徵《從出版界窺見的知識界》，《東方雜誌》第 19 卷 9 期。

向突出地反映在以下幾個方面：

（1）體驗——感受的心靈抒寫方式。相對於中國傳統詩歌和十九世紀以來浪漫主義詩歌信奉的信條，即詩歌是想像與情感的產物，後新詩潮卻消解了"情感——想像"的介入模式，而代之以個人體驗的強調與放大。感受與想像從抽象的意義上說來，似乎是同一的東西，但實際上趨向不同，若以客體表面爲基線的話，那麼感受是對客體的深掘、諦聽與凝視；想像則是客體之上的昇華、疊架與呼喊，充滿了主體自信的擴張氣息。後新詩潮注重話語主體的感受力，甚至刻意把這種體驗與感受提升到直覺穎悟狀態。例如小海的詩："不生不滅的河水/承受大地的柔軟/像婦女：光明的投影/我愧對這土牆羊群、丘陵和樹林/恰好是我成爲全部問題的核心/失去了一些生命/又失去了另一些/無聲無息躺在大地心中/或者是那秋日桑樹上的一聲鳥鳴/甚至一片葉子都收歸己有/像奇怪的睡眠……"在這樣的詩語中，已完全放逐了情感性的擴張成分，而變成了反樸歸真式的內心抒寫。在後新詩潮的藝術取向中，詩人很少訴求主體以外的文化意義，總是把真實、現時、具體的個人體驗凸顯出來，而且這時的個人已不復具有統一性和完整性，他們的自我是矛盾的、分裂的，不能承受之輕的。

（2）"生活流"的散文風格。有人說：現代社會只有散文，而沒有詩。如果說它不是指認了當今社會的全部真相，至少也說出了生活部分真理。顯然，當後新詩潮褻瀆了"神聖"和"象徵文化"，便註定了難以用傳統的"詩的精神"凝結日益破碎的現代生活。於是他們從"意境"、"意象"的審美範式中脫離開來，返身從散文的精神中尋找啓示，以拾掇點點滴滴的心靈語言。當然這是現代詩呈現的困窘和無奈，但在文體日益混雜、相互交叉、互融已成趨勢的今天，它未嘗不是開創了一條新路。上海詩人王小龍的《外科病房》寫道：“走廊上天竺葵也耷拉著腦袋/走來的都免不了垂頭喪氣/他們吃完晚飯把自己搬到床上/十分同情地凝視了一會兒雪白的繃帶底下/那缺了一點什麼的身體/然後故意把袖珍收音機開得哇啦哇啦響/想像自己假如是馬拉多納或者/是他馬的踢到門框上的足球……”在這裏，詩人已完全消解了詩境，而是將詩性融化在生活流之中，把戲擬的日常生活以散文化的風格展示出來。

(3)“語言再處理”。這是後新詩潮詩人提出的又一標新立異的主張。自從白話文詩歌誕生以來，雖然語言問題一直是詩歌發展的“特殊建設”，但決沒有像後新詩潮那樣把它提升到“詩到語言為止”的高度加以認識。第三代詩人幾乎把全部精力放在語言上，從不同的維度展開深入探索。其中“語感”一詞，尤其成為他們的關注目標：“語感先於語義，語感高於語義”，於是一部分詩歌沉醉於“言說的解放和歡悅感”，請看周倫佑的《自由方塊》：“他迷入花道。我精於烹茶。你志在山水。插花的是你。品茶的是他。我去散步。隨便走走。看看山。看看水。看看早晚不同形狀的雲。用鼻子嗅嗅。伸出手試試風的有無——你的有無。我的有無。他的有無。”在類似的述說中，意義已讓位於視覺效果及其釋放出來的語韻快感。可以說，後新詩潮文本之可圈可點或其反面矯揉造作之處，大都與他們的“語言再處理”主張有直接或間接的關聯。“語感”的反面是“語彙”，這也應該成為後來中國詩歌的“語言建設”所必須吸取的教訓。

跨世紀的機緣：評說與展望

進入 90 年代以後，曾經作為 80 年代中國詩歌主流的後新詩潮，漸漸歸於沉寂。“美麗的混亂”的詩壇景觀，也因新詩發展所面臨的諸多困境而告罄。但後新詩潮並沒有成爲“絕響”：它曾經以“混亂”、“喧囂”給詩壇增添活力，而與今日“冷落”、“平靜”的詩歌局面形成反差；它的探索性價值也因當今詩人日益“邊緣化”的窘境，而在深度體認中逐漸被重新認識。總之“後新詩潮”或“第三代詩人”已作爲跨世紀的話題，成爲理論批評界“思”的焦點。

後新詩潮是一個進行式的現代詩運動。當時的第三代詩人所擁有的“先鋒性”或許會因爲順延慣性而成爲惰性，而漸漸失去它的前衛意義。事實上，在後新詩潮推進之中，隨著一批更年輕詩人的介入，第三代詩人業已失去“排頭兵”的資格。前浪被後浪逐趕、掩過，呼嘯向前，本來就是新詩擁有活力的標識，也是當今不景氣的詩歌“餘脈尚存”的一點希望。

所有這一切包括它的前因後果，我們都能隱隱感到：後新詩潮是趨附著世界藝術發展的潮流，以及與此相應的文化語境的變遷的。這裏就容易形成對後新詩潮“評說”的悖論：一種肯定的觀點認爲：後新詩潮的藝術實驗面向未來，“它爲中國新詩的發展畢竟提供了某種新質與某種可能性，提供了某種參照與啓示，因而其意義和價值是不可忽視的”；[17] 而另一種否定的意見則批評道：“總的來說，自從所謂後新詩潮產生以來，雖然也有新探索，但是，所造成的混亂，似乎比取得的成績更爲突出，新詩的水準並沒有全面的提高。”[18] 後者的批評出於孫紹振的口中，他曾極力推舉以“朦朧詩”爲代表的新潮詩歌，因而被認爲是新潮詩歌的代言人之一。

“評說”的反差，或許正反映出後新詩潮所包含的正反兩方

17　龍泉明《後新詩潮的藝術實驗及其價值》，《天津社會科學》1999 年 4 期。
18　孫紹振《後新詩潮的反思》，《詩刊》1998 年 1 期。

面"啓示"：其一，像後新詩潮那樣，如果只是一味張揚與世界語境同步的現代性或後現代，沒有真正意義上的使命感，那麼光憑文字遊戲和思想上和形式上的極端的放浪，是不會有什麼本錢在我們的詩壇上作出什麼驕人姿態的。詩的創造，首先應該是對詩的忠誠；其二，我們確實也不能用老眼光看新問題。後新詩潮藝術畢竟不同於在中國讀者之間已經普及了的現實主義、浪漫主義和現代主義，它對接的是日益明顯的"後現代"，因而要理解後新詩潮是需要一些新的理論知識和新的目光的。

論者以爲，與非此即彼的"線形思維"相比較，另一種基於中國新詩所受的"自身發展的限制"與"外來影響的限制"，由此發現後新詩潮存在的問題之論說，似乎更值得重視。于慈江在《朦朧詩與第三代詩：蛻變期的深刻律動》一文中，從後新詩潮的局限性指出其無法避免之"缺失"：其一，理論主張與創作實際的較嚴重的脫節現象，"總的來說，是理論塗抹的繁複濃烈的色彩反襯出創作的蒼白狀"；其二，美學意義的藝術創造被所謂"詩歌運動"擠兌得可憐，詩人彷彿不是詩人，而是運動家，"各群體內的詩人常常爲各自打出的不無偏激的旗號與尊奉的不無狹隘的藝術觀念而不惜犧牲更高的追求"，對詩歌的發展有害而無益；其三，後新詩潮"鬧熱而無法持久"，使第三代詩只有總的傾向，卻很難找出令人信服的恰當例證；其四，後新詩潮中的相當成分確有"庸俗化傾向"。上述四個結論，論者以爲是令人信服的，也是擊中後新詩潮之要害的。

當然我們也看到，後新詩潮是一個動態的過程，第三代詩人在以後的探索中已經摒棄了浮躁和過度的激進，對以往的缺失也是有所矯正的：如80年代後期，有些詩人如西川，從詩潮中游離出來，宣導"新古典主義"和"純詩"寫作；小海等詩人重新爲自己定位，希冀做漢語寫作的“民族詩人”；甚至任洪淵《漢字，2000》、周倫佑《刀鋒 20 首》等，這些本文打破了“現代性”的閉鎖和僵硬的詩歌神話，打破了“昔日的光榮”而重獲生機。他們在海子之後，展示了漢語詩歌不枯竭的可能和希望，也展示了中華性的詩歌新空間。這些詩對母語和新空間的開拓展示了新的寫作和生存方式。

謝冕先生曾經在《從詩體革命到詩學革命》一文中，以詩人的激情這樣呼喚：“作爲中國新詩運動自詩體革命到詩學革命的接力者，我們如今面對著莊嚴的歷史性使命：即結束那些無謂的論爭，集中力量於詩的理論批評以及現代詩學建設。”對後新詩潮批評，我們持有同樣的態度，並從這裏出發獲得了對中國新詩的世紀性展望：

㈠ 呼喚好詩。不可否認，在今日商品潮和大眾傳媒的衝擊下，詩人的生存及詩歌的地位、功用、價值等現實問題，已令人尷尬地成爲詩歌發展的困擾。詩在現實生活中的地位下降，詩人頭上的光環消失了，純正的詩歌受到現代影視、流行藝術的猛烈衝擊。如何應對這些嚴峻的現實？怎樣診療今日詩歌界的“疾患”？各人的態度和開列的救治藥方各有不同。

論者以爲，詩的出路還在於詩人的獻身精神。只有在這樣的狀態下，才能摒棄短暫淺狹的短期效應，而力倡終極關懷和精神純粹，才能出現所謂“好詩”。有人指出“當代詩歌的癥結與悲哀正在於中國詩人生存的自信力與生存姿態的缺乏，因此關鍵在於詩人健全高貴之人格的重建”，[19] 這是不無道理的。至於如何理解“好詩”？當然各人有不同的看法，九葉派老詩人鄭敏從詩

---

19 一平在 1993 年 9 月 18 日 “中國現代詩學討論會”上的發言，參見《詩探索》1994 年 1 期。

的信息量、詩人對語言的尊重、漢語的音樂性、當前詩歌創作中的混亂現象等方面，對她認定的好詩進行這樣的描述："詩可以濃妝豔抹，也可以凝練雋遠。只要它能將人的心與宇宙萬物溝通起來使它領悟天、地、自然的意旨，有一次認識的飛躍，也就得到了審美的滿足。這樣的詩就是我心目中的好詩，因爲它將我封閉狹隘的心靈引向無窮變幻的宇宙。"[20] 鄭敏的"好詩"理念，觸及了詩歌的本質，在詩壇有一定的代表性。

　　(二) 改善現代詩歌的生存環境。這裏主要是針對詩歌理論批評而言的。著名文藝理論批評家楊匡漢在一次討論會上提到，中國的詩歌理論批評往往太多輕浮和急噪，沒有經過應有的"智慧的痛苦"，真正富於創造性、建設性的批評非常缺乏。他還概括了詩學理論建設的三種局限與障礙：泛意識形態化、經驗美學的局限、個人偏狹情感的局限。楊匡漢的批評具有啓示性，他呼籲倡揚一種純正的學術品格，改善現代詩歌的生存境遇。

　　在我看來，詩歌理論批評除應加強自身的學術建設以外，同時還應思考自己擔負的一個更重大的責任，即在我們的讀者明顯缺少有關現代詩的教育的情形下，如何培養和提高讀者的鑒賞水準，使其能夠接受以白話文爲媒介、迥異於古典詩的新語言藝術。美國加州大學東亞語文系及比較文學教授奚密先生在《爲現代詩一辯》[21] 一文中指出："現代漢詩面對的最大挑戰不僅僅是內在的美學問題，還有如何建立新的讀者群的問題。在我們的語言中或是我們的教育裏，接觸古典詩詞的機會遠大於現代詩，尤其是藝術性高而非八股教條式的現代作品。於是，人們習慣用古典詩的那一套成規——最明顯的，如押韻、對仗、適於朗誦、易於背

---

20 鄭敏《探索當代詩風——我心目中的好詩》，《詩探索》1996 年 1 期。
21 參見《讀書》1999 年 5 期。

誦等特色——來要求現代詩，不太能接受現代詩本身的發展。"
在此基礎上，奚密先生進一步強調：對於現代詩，批評家和讀者
一樣，也存在"專業化水準"亟待提高的問題。"不管你是大學
教授還是專欄作家，並不表示你就讀懂了現代詩，有權來批評；
你得好好鑽研才有發言權……如果總是固執地用過去古典詩或現
代八股的框架強加於它，就永遠無法理解和欣賞現代漢詩作為一
種新的審美范式的意義及成就。"奚密的深刻之處在於，他洞穿
了現代漢詩的生存窘態，並非像有些人所指出的那樣，是自身的
"先天不足"，而很大程度上是因為其生存的社會環境本身（缺
乏現代詩的教育）造成的。由此我們反思，當初一些詩評家對後
新詩潮的猛烈攻擊，除了讀不懂這個老問題浮上臺面以外，還有
部分原因是一種扭曲的民族主義"古典情結"在作怪，他們一味
強調"國粹"，將現代詩片面地等同於西化，甚至崇洋媚外。這
種心態對現代詩的研究是有害的。

　　㈢建設 21 世紀的漢語詩歌體系。新詩自產生至今，已走過
近 80 年的歷程。從白手起家，到新詩歷史上的群星燦爛及今日之
蔚為壯觀，它走的是一條不斷發展、充滿艱辛的道路。新詩自身
的發展、歷史的積弊與今日面臨的新問題，期許與呼喚著一門獨
立、科學、系統的漢語詩歌體系的建立。

　　多年來，謝冕先生不止一次提出"詩學革命"的任務。他認
為現代詩歌的"詩體革命"由胡適肇其始，歷 80 年至今業已初步
完成，新詩自身的歷史與傳統也已基本形成，故而目前最為迫切
的任務，是全力進行現代詩學理論體系與學科建設，即進行一場
極為艱難的"詩學革命"。這裏，謝冕先生提出的建設"中國現
代詩學"或進行"詩學革命"的主張，與我們的意見大致相同。
我們只是鑒於中國政治、經濟、軍事、文化的走向世界已成定局，

21 世紀的漢語詩歌也必然是世界性的瞻望，突出了“漢語詩歌”的獨特性。詩是語言的先知。“作爲文學，就是要把語言中蘊涵的這種自然文化自覺化，給以集中、強化和提升，使之成爲‘人’的精神範疇——人可以從自然狀態進入‘人’的居所。”[22] 我們以爲，中國新詩通過對自身發生、發展以及斷裂、回歸的艱難曲折歷史的辨識與總結，以及與以臺灣爲代表的其他漢語詩歌寫作的交流、取長補短，是有可能建構漢語詩歌創作和理論的大體系的。

　　新的世紀已經來臨，回首這一百年來中國詩歌所走過坎坷道路，我們有的是痛苦和歡欣，但詩並沒有完結——詩，依然以各種方式滲透進我們的生活，滋潤著人們日益焦慮、困頓的心靈，並成爲我們緬想的最後的精神家園。新世紀，新機遇，新輝煌，我們相信，中國的新詩也會以新的姿態，實現 20 世紀詩人的百年夢想！

　　　　　　（本文發表於《文學評論叢刊》2001 年第 4 卷 2 期）

22一平《在中國現時文化狀況中詩的意義》，《詩探索》1994 年 2 期。

附錄二

主要參考書目

1. 《中國當代實驗詩選》，唐曉渡、王家新編選，春風文藝出版社，1987。

2. 《新詩潮詩集》（上、下），老木編選，北京大學五四文學社未名湖叢書編委會（內部資料），1985。

3. 《當代中國文庫精讀》，明報出版社（香港），2000。

4. 《朦朧詩選》，謝冕、閻月君等編選，春風文藝出版社，1988。

5. 《北島詩歌》，北島，南海出版公司，2003。

6. 《今天》，北京（油印）及牛津大學出版社(香港)。

7. 《中國新詩》，張新穎編選，復旦大學出版社，2001。

8. 《現代派詩選》，藍棣之編，人民文學出版社，1992。

9. 《文化大革命中的地下文學》，楊健，朝華出版社，1993。

10. 《沉淪的聖殿——中國 20 世紀 70 年代地下詩歌遺照》，廖亦武主編，新疆青少年出版社，1999。

11. 《現代性的追求》，李歐梵，三聯書店，2000。

12. 《現代主義文學研究》，袁可嘉等編，中國社會科學出版社，1987。

13. 《現代與現代主義——西方文化思潮的現代轉型》，弗萊德里克·R·卡爾，吉林教育出版社。

14. 《流動的現代性》，齊格蒙特·鮑曼，上海三聯書店 2002。

15. 《文學理論》，韋勒克、沃倫，三聯書店，1984。

16. 《西方文論選》（上、下），伍蠡甫主編，上海譯文出版社，

1979。

17.《現代西方文論選》，伍蠡甫主編，上海譯文出版社，1983。

18.《艾略特詩學文集》，王恩衷編，國際文化出版公司，1989 年。

19.《歐美現代派文學概論》，袁可嘉，上海文藝出版社，1993。

20.《現代主義的繆斯》，上海文藝出版社 1989。

21.《20 世紀西方文論述評》，張隆溪，三聯書店，1986。

22.《新批評——一種獨特的形式主義文論》，趙毅衡，中國社會科學出版社，1988。

23.《中國現代派文學史論》，譚楚良，學林出版社，1997。

24.《中國詩學》，葉維廉，三聯書店，1992。

25.《中國詩學的基本觀念》，張方，東方出版社，1999。

26.《中西比較詩學體系》（上、下），黃藥眠、童慶炳主編，人民文學出版社，1991。

27.《20 世紀西方哲性詩學》，王岳川，北京大學出版社，1999。

28.《新詩的現狀與展望》，全國當代詩歌討論會編，廣西人民出版社，1981。

29.《中國現代詩論》（上、下），楊匡漢、劉福春編，1985。

30.《中國當代新詩史》，洪子誠、劉登翰，人民文學出版社，1993。

31.《中國現代主義詩潮史論》，孫玉石，北京大學出版社，1999。

32.《中國現代詩歌藝術》，孫玉石，人民文學出版社，1992。

33.《中國新詩流變論》，龍泉明，人民文學出版社，1999。

34.《20 世紀新詩綜論》，駱寒超，學林出版社，2001。

35.《中國現代詩歌史》朱光燦，山東大學出版社，2000。

36.《中國當代詩歌藝術演變史》，李新宇，浙江大學出版社，2000。

37.《當代詩學》，于可訓，湖南人民出版社，2000。

38.《"現代"詩綜》，上海大學現代文學教研室編，百花洲文藝出版社，1990。

39.《謝冕論詩歌》，謝冕，江西高校出版社，2002。

40.《艱難的指向》，王光明，時代文藝出版社，1993。

41.《現代詩的情感與形式》，藍棣之，華夏出版社，1994。

42.《現代詩技巧與傳達》，何銳、翟大炳，百花文藝出版社，2002。

43.《語言：形式的命名》，孫文波等編，人民文學出版社，1999。

44.《超越語言》，魯樞元，中國社會科學出版社，1990。

45.《中西詩學的會通》，陳旭光，北京大學出版社，2002。

46.《文化轉型與中國新詩》，呂進，北京大學出版社，1999。

47.《探險的風旗》，張同道，安徽教育出版社，1998。

48.《中國形象詩學》，王一川，三聯書店，1998。

49.《唐曉渡詩學論集》，唐曉渡，中國社會科學出版社，2001。

50.《十作家批判書》，朱大可、徐江等，陝西師範大學出版社，
　　1998。

51.《站在虛構這邊》，歐陽江河，三聯書店，2001。

52.《青年詩人談詩》，老木主編，北京大學五四文學社，1985。

53.《朦朧詩論爭集》，姚家華編，學苑出版社，1989。

54.《詩探索》，謝冕等主編，首都師範大學出版社，1980—2002。

55.《中國詩歌九十年代備忘錄》，王家新、孫文波編，人民文學
　　出版社，2000。

56.《快餐館裏的冷風景——後現代詩歌詩論選》，北京大學出版
　　社，1993。

57.《二十世紀中國文學史論》，王曉明主編，東方出版中心，1997。

58.《中國新文學整體觀》，陳思和，上海文藝出版社，1987。

59.《中國現代思想史論》，李澤厚，東方出版社，1987。

60.《中國近現代啟蒙文學思潮論》，張光芒，山東文藝出版社

2002。

61.《現代性社會理論緒論》，劉小楓，上海三聯書店，1998。

62.《十七年文學：人與自我的失落》，丁帆等，河南大學出版社，1999。

63.《遲到的批判》，王堯，大象出版社，2000。

64.《文化生態與報告文學》，丁曉原，上海三聯書店，2001。

65.《前工業文明與中國文學》，欒梅健，廣西教育出版社，2000。

66.《現代意識與民族文化》，林秀清編，復旦大學出版社，1987。

67.《中國當代思想批判》，吳炫，學林出版社，2001。

68.《啓蒙哲學》，凱西勒，山東人民出版社，1988。

69.《理性缺位的啓蒙》，姜義華，三聯書店，2000。

70.《西方哲學在當代中國》，黃見德，華中理工大學出版社，1996。

71.《知識份子與現代性的危機》，卡爾·柏格斯，江蘇人民出版社，2002。

72.《逝去的年代：中國自由知識份子的命運》，謝泳，文化藝術出版社，1999。

73.《社會轉型與當代知識份子》，陶東風，上海三聯書店，1999。

74.《文化大革命簡史》，席宣、金春明，中共黨史出版社，1996。

75.《中國共產黨的七十年》，胡繩主編，中共黨史出版社，1991。

76.《中國當代文學參閱作品選》，海峽文藝出版社，1986。

77.《天安門——知識份子與中國革命》，史景遷，中央編譯出版社，1998。

78.《上山下鄉》，王鳴劍，光明日報出版社，1998。

79.《檢討書——詩人郭小川在政治運動中的另類文字》，郭曉惠等編，中國工人出版社，2001。

80.《向陽日記》，張光年，上海遠東出版社，1997。

附錄三

博士學位答辯委員會決議

　　徐國源的博士論文《批判性主旨與現代詩建構──中國朦朧詩派研究》從論述朦朧詩產生的歷史背景切入，指出朦朧詩凝聚著對於當代社會災難的嚴峻反思和批判精神，進而論述朦朧詩正是以其批判性主旨劃清了與特定意識形態的界限，從而建構了以自由精神文化為特徵的話語空間，並萌生出具有現代意味的審美意識和詩歌觀念。在對朦朧詩發展狀況的梳理上高屋建瓴，視野開闊；在朦朧詩批判性主旨的闡釋上，著眼洞徹，頗見眼光；在朦朧詩的藝術建構的剖析上，條分縷析，頗富新意。論文對朦朧詩作了全面深入的論述，既有大量的文本細讀，又有相當的理論深度，顯示出史之敘述與論之創造的交互滲透，將朦朧詩研究推向了一個新的學術臺階。

　　論文結構合理，立論嚴謹，材料翔實，論述嚴密，是一篇優秀的博士學位論文。答辯中，作者能圓滿回答答辯委員會提出的問題，答辯委員會一致同意通過博士論文答辯並建議授予作者博士學位。

專家評閱意見

　　"朦朧詩"的出現是新時期文學的重要現象，對它進行系統、深入研究是很有意義的。論文從論述朦朧詩產生的歷史背景切入，指出它是"文革"這個中國社會發展的特殊時代的產物，它凝聚著對於當代社會災難的嚴峻反思和批判精神；進而論述朦朧詩正是以其批判性主旨劃清了與特定意識形態的界限，從而建構了以自由精神文化為特徵的話語空間，並萌生出具有現代意味的審美意識和詩歌觀念。作者對論題有完整的構想，思路清晰。在具體論述中有些部分寫得頗為精彩，如對朦朧詩派作為一個文學流派存在的條件和理由的分析；如通過對三種對立模式中注入科學民主、自由精神和啓蒙的現代性的主題的考察，來論證朦朧詩的批判主題與啓蒙價值；如論述從朦朧詩到第三代詩的蛻變過程以及後者的特點；如對朦朧詩所完成的詩歌話語體系的概括等，都是很有見地的。以上說明作者具有較強的科研能力和寫作能力。論文較好地達到博士論文的學術水準，可以答辯，並建議答辯委員會予以通過。

—— 揚州大學中文系教授・曾華鵬

　　徐國源的博士學位論文《批判性主旨與現代詩建構》，選題恰當合理。作者較全面地清理了新時期文學獨特的"朦朧詩"現象，以批判性為核心，深入分析了朦朧詩的文化及文學價值，從而突出了個體性自覺的現代詩建構。作者以大量詩作為依據，參照有關理論，注重個人理解及獨到闡述，使全文言之有據並言之成理，自成一說。

論文資料充實，結構合理，論述明晰，顯出作者已具備較好的獨立研究能力和較扎實的專業知識。

——南京大學中文系教授·周憲

博士論文《批判性主旨與現代詩建構——中國朦朧詩派研究》將二十世紀 70 年代末至 80 年代初的朦朧詩作爲研究課題，這是一個頗有學術積累的課題。而本論文的研究，在吸取前人研究成果的基礎上，作了獨立的準備，在對朦朧詩發展狀況的爬梳上高屋建瓴，視野開闊；在朦朧詩批判性主旨的闡釋上，著眼洞徹，頗見眼光；在朦朧詩的藝術建構的剖析上，條分縷析，頗富新意。這是篇扎實而頗具深度的博士論文。如果論述中更多涉及一些詩歌文本，文章當更上一層樓。本論文達到了博士論文水準，我同意答辯並建議授予作者博士學位。

——南京大學中文系教授·許志英

此文對朦朧詩的研究可說是邁上了一個新的學術臺階，其中心論點具有創新意義，且立論可靠，可圈可點。

本文論述方法多樣，邏輯聯繫嚴密，價值觀念鮮明，佔有翔實的資料，同時也有很強的理論色彩。行文遊刃有餘，不枝不蔓，表現出良好的學術心態和素養。

作者宏觀與微觀的分析能力均很強，爲這篇優秀的博士論文奠定了扎實的基礎。

——南京大學中文系教授·丁帆

徐國源的博士論文《批判性主旨與現代詩建構——中國朦朧詩派研究》，對產生於中國 20 世紀 70－80 年代的"朦朧詩"進行了較爲全面而系統的研究。"朦朧詩"作爲新時期最重要的文學現象之一，在中國當代文學發展史上有著重要的意義，此前，學術界對此進行了大量的研究，但該博士論文仍能在切入角度和分析方法以及全面性系統性等等方面顯示其獨特的學術價值和學術深度。論文對"朦朧詩"批判性主旨與啓蒙價值的論述、對朦朧詩的話語空間的闡述，對朦朧詩的詩學觀念的揭示，都有自己的新的見解在內。論文觀點明確、陳述清楚、論述有條理，資料豐富可靠。論文顯示出論者有較好的本專業相關理論和專業知識的積累，有較強的學術研究的能力。論文已經達到博士學位的學術水準，同意參加論文答辯，並建議授予博士學位。

——南京師範大學中文系教授·朱曉進

這是一篇對中國朦朧詩派所作的系統、深入且富於新創研究的博士學位論文。作者有很強的切入問題本質的能力，抓住了朦朧詩的批判性主題，揭示了它"非中心化"的本質特徵，既有深度，又在經過充分論證後產生了另人信服的說服力。作者所扣住的"啓蒙性"、"主體性"、"批判性"等問題都是具有前沿意義的。作者所運用的當代詩性哲學的研究方法和結構主義分析方法都是先進的，爲論文的成功論述奠定了方法論的基礎。

——江蘇社科院文學研究所研究員·吳功正

後　記

　　將近一年之後，寫這部在博士學位論文基礎上完成的專著之後記，說真的，此情此景，是頗爲複雜難言、感慨萬千的。

　　2002 年下半年，在經歷了艱難的外語考試和學位課程考試之後，終於進入到博士論文的寫作階段。導師范培松先生提出兩個要求，一是要科學嚴謹，經得起答辯委員的提問；二是論點要有原創性，不能人云亦云，切忌「炒冷飯」。然而，始料不及的種種教學的、科研的、繁雜事務上的重壓，使人喘不過氣來，有幾日真是寢食不安、誠惶誠恐。

　　選擇什麼樣的課題？從什麼角度展開？能不能在學術上有所突破？博士論文是自己學術生涯中的一個里程碑，該如何來體現它應有的學理性和深厚度？我思忖著。

　　說來也巧，2000 年我完成的《北島評傳》一書，由台灣黎明出版公司於 2002 年出版。該書出版後，由於在大陸沒有發行，許多認識或不認識的專家和讀者紛紛來函索書，或在網路上詢問，台灣媒介和學界則給予了較高的評價。這無疑增添了我很大的信心。回想 80 年代初，自己讀朦朧詩、寫朦朧詩的情景，以及多年後從事現代詩歌研究的經歷，於是就打算以「朦朧詩派」爲研究課題，在已有成果的基礎上，將自己的思考再推進到一個新的層次。

　　經過一年多的努力，論文終於寫完。記得導師范培松先生看完論文後，有一個批語是：「精彩，有開拓性！」這當然是對我的鼓勵。2003 年 4 月底，正值「非典」天災，論文先寄給校外 12 位專家審閱，大陸著名學者周憲、董健、曾華鵬、許志英、丁帆、朱曉進、丁曉原等先生，都對論文作了很高的評價和褒獎；5 月 27 日舉行的答辯會上，以魯樞元先生為主席的 7 名委員會全票通過了我的論文答辯，並給以「優秀」的等第。至此，我才有了如釋重負的感覺。

論文出版之際，我要感謝導師范培松先生，是他的嚴格要求和言傳身教，使我獲益匪淺，受用不盡。

感謝在我的求學成長路程中關愛過我的師長們，感謝眾多師兄弟、好友對我的支持。當然，還應該非常感謝我的妻子蔡麗新女士對我的理解和關心。

感謝台灣學界的沈謙先生、陳信元先生、張堂錡先生、陳敬介先生等師長與好友對我多年來的關心和提攜，是他們使我有了與台灣學界的緣分。

這裡，除了特別要感激堂錡兄的兄弟情誼和鼎力推薦外，還要特別感謝文史哲出版社社長彭正雄先生，正是他們高效率、嚴謹、細緻和甘願「為他人作嫁衣裳」的高尚職業情操，促成了本書順利出版的機緣。

博士論文是學業結束的標誌，同時也是學術道路上的新起點。「獨上高樓，望盡天涯路」，本人唯有在學術的道路上不斷摸索，以尋求自我的超越和心靈的慰藉。

徐國源　2004 年 2 月
於蘇州大學東吳園